发现孩子智慧

相信孩子能力

陈小明 主编

北京出版集团公司
北京教育出版社

图书在版编目(CIP)数据

发现孩子智慧 相信孩子能力 / 陈小明主编. —北京：
北京教育出版社,2014.10
ISBN 978-7-5522-5133-3

Ⅰ.①发… Ⅱ.①陈… Ⅲ.①幼儿—教师—活动—用书
Ⅳ.①G40-03

中国版本图书馆 CIP 数据核字(2014)第 249772 号

发现孩子智慧 相信孩子能力
FA XIAN HAI ZI ZHI HUI XIANG XIN HAI ZI NENG LI

陈小明　主编

*

北京出版集团公司
北京教育出版社　出版

(北京北三环中路 6 号)

邮政编码：100120

网址：www.bph.com.cn

北京出版集团公司总发行

全 国 各 地 书 店 经 销

大厂回族自治县祥凯隆印刷有限公司

*

787×1092　　16 开本　　12.5 印张
2015 年 4 月第 1 版　　2015 年 4 月第 1 次印刷
ISBN 978-7-5522-5133-3

定价:45.00 元

CONTENTS 目录

第三章　"做生活小主人活动课程"教师观察与支持，
　　　　还幼儿主动学习空间

后续

教师成为研究者 孩子成为探索者

中国教育科学研究院 刘占兰

"教师成为研究者""孩子成为探索者"，这是两个相辅相成而又互为因果的教育命题，也是六幼"活动课程"研究和实践探索给我留下的深刻印象。教师成为研究者，孩子才可能成为探索者；要让孩子成为探索者，教师必须成为研究者。近年来，六幼的园长和骨干教师组成了研究团队，通过深入学习几种具有国际影响的重要学前教育课程，通过依托实践全面研究幼儿的学习特点和教育策略，恰当地处理了借鉴与生成的关系，形成自己的园本课程。

六幼在研究和形成自己的"活动课程"过程中，以下四个方面的宝贵经验供同行们学习和借鉴。

一、深入学习，深透把握相关课程的核心和本质特点

幼儿园园本课程的产生有多种途径，可以学习借鉴为我所用，也可以研究扩展不断生成。但经验证实，对于外来的课程，全盘搬用、生搬硬套、机械模仿都是不适宜的。在学习借鉴某种课程时，首先要深入学习和把握这种课程的整个体系，才能做出正确的价值判断，借鉴好的课程或某种课程中好的做法，生成适合自己的课程。也就是说只有深透的

学习和把握，才能知道哪些可以为我所用以及怎样为我所用。

六幼的活动课程始于研究团队的乐于学习、善于学习和深入学习。从园长和老师们几年的研究经历中，我们能够深切感受到他们为了深入把握"高瞻课程"中"主动学习"的理论与实践所进行的不懈的学习过程。从1994年的《活动中的幼儿》到近年来的系列出版物，逐一研究，逐项讨论，全面把握和领会其精神实质。还通过实地考察、接受专门培训等方式加深理解，感受和体会其实践形态。有了这样的学习过程，才能从中抽取出他们认同的、核心的、适合自己幼儿园的要素，如"关键经验"、"主动学习"、"活动区"、"学习环"（计划、实施、回顾）等等。

二、不断积累扬长避短，博采众长集大成

的确，在不同时期的每一种具有国际影响的课程都尤其特别的闪光之处，值得我们学习借鉴。但同时也具有其局限性，这也需要园长和老师们运用自己的专业知识和教育智慧做出判断。

从六幼园本课程的产生与形成过程可以看到，几十年来，他们从"蒙氏教育中国化的十年研究"中提炼蒙氏的教育精华；从对陈鹤琴先生"活教育"的研究中吸纳"一日生活皆教育"的思想；又从从皮亚杰的认知发展理论中汲取儿童主动建构的思想。几十年研究的每一步，不仅对这些理论观点和实践方案进行了深入的学习和实践，选择判断出适合自己的，经过了理论思考和实践验证的观点和策略；而且是博采众长，不断内化和重建，逐渐形成自己的"活动课程"体系。

（三）教师亲历主动学习，才能把理念变成实践，把策略变成行为

近十几年来，大部分教师对理念知晓程度都比较高，但正如六

幼的园长和老师们所遇到的问题那样：知道不会做、做了不到位、今天会了或这次会了，后面又不会了。为了解决这些问题，走出这种困境，研究团队在经过理论联系实际的实践之后提炼出了几个响亮的"口号"——"让幼儿做生活的小主人"、"让环节流动起来"、"为孩子打开一扇扇窗""和孩子一起玩好玩的游戏"、"让孩子成为有智慧的问题解决者"。观点明确，能够操作，这些"口号"让教师知道了并记住了怎样把理念变成实践，把策略变成行为。更为重要的是，当教师按照这些口号去做了并看到效果之后，更加理解并坚信口号背后的理念与含义，教师的理念和行为真正融为一体。

"和孩子一起玩"才能知道孩子为什么玩、怎么玩和能玩出什么（学到什么，有什么发展），才能知道孩子需要什么支持、怎样为孩子提供支持，提升的是教师理解、引导和支持幼儿的能力，幼儿园以游戏为基本活动的原则理念才能真正落实。

让幼儿"主动学习"必须经历"计划——实施——回顾"三个环节，应该说这三个环节让孩子经历了一个比较完整的认知建构过程，强化、扩展和重建着孩子们的原有经验。教师们从孩子经历的这三个环节中看到了儿童的主动学习，这样的口号让孩子的主动学习"看得见"。

六幼老师们的研究历程让我们看到，管理者引领着教师们聚焦一个个关键问题，在实践中研究尝试、反思改进、再实践，不断提高认识和专业能力。如同教师引导孩子们经历主动学习的过程一样，实际上，教师们参与和经历园本课程研究的过程本身就是一个主动学习和建构的过程，老师们实际上是在亲身历着主动学习的过程。在这里，我们看到管理者对教师的有效引导与支持；我们更看到了教师们成长的快乐和成功的喜悦，正是这些快乐和喜悦不断激发老师们再反思自己的课程和进行新尝试的热情。

（四）保持自己应有的理性和教育判断

在当今较多学习和引进外来经验的时候，六幼的经验提示我们：必须保持自己应有的理性和教育价值判断。加德纳在评论瑞吉欧项目教学时也曾经提示我们：任何课程的普遍适用性都是有限的，因为它产生于特殊的文化背景，不能简单地移植。

以高瞻课程为例，最早引入我国是在80年代末90年代初，特别是在1994年出版了中译本《活动中的幼儿》之后，影响更加广泛。认知发展课程曾对我国幼儿园改革旧有的以教为主的教学方式产生过重要影响，特别是引入了"关键经验"一词，使原有的知识观具有了动态性、活动性和经验性特点；幼儿园开辟了各种活动区，儿童有了一定自选活动的时间和相应的条件；鼓励儿童与材料和人的相互作用，强调儿童的主动学习和经验建构等等。但当时也受到一些质疑，主要包括：忽视儿童的学习与实际生活的联系；过于强调认知的发展而忽略了人的整体发展和完整人格的培养等等。后来认知发展课程又经过了不断的修改与完善，丰富与扩展。在我国，当时的主要问题是：缺乏对活动区、材料结构及其价值的研究，材料提供具有盲目性、随意性和固定性；教师缺乏有效的指导和对幼儿学习的支持。

值得我们学习的是，六幼的"活动课程"吸纳了高瞻课程的一些主要做法，但具有博采众长的特点；六幼的研究也抓住了关键问题，采取了有效的形式。他们做的是他们理解的、认同的、能做的，我们今天看到的还不是六幼园本课程最终的完整体系，我们看到的是他们朝着"活动课程"的方向正行走在路上！

愿六幼的活动课程不断深入，日益完善；愿六幼的孩子们都成为了主动的学习者、生活的小主人、智慧的探索者；愿六幼的老师们都成为了主动的学习者、课程的发展者、智慧的研究者。

静悄悄的革命所带来的变化

西城教育研修学院　　沈心燕

"静悄悄的革命"这一词来自于李季梅老师翻译的一本书的名字。我想用"静悄悄的革命"来形容北京市第六幼儿园老师们正在进行的园本课程的建设与研究。由此表达我对六幼老师们的敬意。

作为园本课程的建设许多幼儿园都比较习惯于从本园的优势和经验入手，然而，六幼的管理者和老师们，却从自己最为欠缺的地方入手研究，其初衷是为了通过这一研究促使幼儿园内部发生本质的变化，实现思想上、教育上的革命。

六幼的管理者和老师们把"以幼儿主动学习为核心的活动课程"作为研究的切入点，并借鉴高瞻课程的成功经验，帮助教师实现观念的转变，教育方式、教育过程的转变。并力图通过这些转变，归还孩子们应有的"自由选择、自我决策、自主学习的权利"，由此，改变老师"以教定学"这样一个习以为常的教学方式，以培养出独立、自主、自信的幼儿。

尽管六幼的管理者和老师们，知道这种转变来自于人的思想深处，实现这一转变需要漫长过程，但是，为了孩子能享有更优质、更科学的教育，他们致力于通过扎扎实实的研究来实现园所的自我挑战和自我革命，由此促进教师思想内部发生本质的变化，引导教师从研"教"到研"学"。

虽然，他们的研究的时间不是很长，无论从研究的角度、还是从课程形成的角度来看，也只是一个开始，然而它为教师和幼儿带了的变化确是巨大的。透过这些变化我们看到了他们的研究旨在改进，而这种改进体现在以下几个方面。

1. 将"幼儿的游戏活动与游戏环境"的研究作为课程实施的基础，

旨在改变班级文化，让幼儿成为活动和学习主人

　　"活动课程"的实践与研究，通过运用"以引导幼儿主动学习为核心"的课程模式，把创设平等、自主、宽松的精神环境和丰富、可选的物质环境作为课程实施的基础，使环境体现课程价值观，在学习和研究中，教师们从高控制的管理位置中走出来，尝试着通过活动区的活动以及幼儿制定计划、实施计划等环节，给予幼儿充分表达和清晰自己想法、计划和实施自己活动的机会，为幼儿提供自主选择的空间、自我控制的学习过程、自主调节学习节奏的主动权。同时通过回顾环节，表达自己在活动中感受、快乐和关注的问题，并清晰自己接下了来的活动选择，同时，在回顾中建立相互倾听的学习方式和人际关系。

　　在齐振燕老师班上《陀螺转转转》的活动中，让我们看到这种活动方式的改变，带给孩子的发展空间，面对一筐没有图、不知名，且无人问津的积塑玩具。在教师的支持下 ，使孩子们经历着：可以按照自己的节奏有兴趣的玩儿；迁移原有经验主动地尝试着玩儿；建立新经验想怎么玩就怎么玩的过程，在孩子有了足够的时间，了解了插塑玩具基本规律后，他们又尝试自我挑战，探索插出不同大小、不同形态、不同结构的陀螺，这一过程使他们的由关注外部的形状的变化，到探究内部结构与陀螺旋转之间的关系。而这种改变会使幼儿有时间对自己感兴趣的事物好奇与思考，有时间对自己喜欢的活动尝试与探究，有机会对自己关注的问题踌躇与试误，有机会有对自己的行为进行重复与调整，有权利按照自己的想法、节奏和速度做事情。

　　事实上，在活动中学习、在与环境的相互作用中学习，是幼儿年龄特点所决定的，让幼儿在自主的"玩"中，享受自主决策、自主解决问题的过程，从而获得对"自我"的发现与肯定和有意义的学习。

　　在"我还要继续"的活动中，当孩子们发现由于时间关系，自己没有完成的作品，第二天总被其他小朋友因游戏的需要而拆掉的时候，孩子们在分享环节，主动提出自己的想法，几经讨论与换位思考，孩子们达成了共识，对于没有完成的作品，通过摆放自制的名片得以保留，

这一决定在实施中孩子又发现，由于有的作品保留时间过长，就会影响其他小朋友的游戏，经过对这一新问题的讨论，最终孩子们又调整了规则——每一个作品最多可以保留两天，这一问题的解决既照顾了每个幼儿游戏的需要，又建立了时间概念，制定出大家乐于共同遵守的行为规则。通过规则的制定、调整与遵守，让幼儿经历从自我管理到班级管理过程，体现幼儿的主体性，体现了幼儿参与班级文化建设的过程。由教师高控制到幼儿的自我管理，体现了班级文化的改变。它改变了教师与幼儿交流与相处的模式、改变教学的组织方式，改变教与学关系。

2. 教育始于发现，将观察作为解读幼儿行为，实施教育的依据，旨在改善教师的思维方式与固有视角，帮助教师不断反思，让教师的"教"能有效的回应和支持幼儿主动的学。

观察是幼儿教师的基本功，由于幼儿年龄特点所决定，需要我们利用幼儿的一百种语言去解读孩子行为背后的心理需求，由此发现幼儿的兴趣，了解幼儿在什么地方有好奇，在什么地方有热情，在什么地方有问题。从而决定我们的教育行为。才能提升教育适宜性。

事实上，活动课程不仅仅是幼儿的自主、自发的活动，其实也是教师的研究活动和实践活动，为了促教师自身角色的转变，六幼的管理者鼓励教师作为幼儿玩伴和幼儿一起"玩"，老师们作为有目的的观察者，合作者逐渐走进了孩子的世界，深入的了解了幼儿的想法、个性特点与发展的需要。从中发现孩子的意图，接纳和延伸孩子的想法，把握和搭建支持的平台。

就如在马庄凝老师讲述的故事中，充满她在发现孩子时的感动与感悟，当马老师真正学会站在孩子的视角上思考问题时，教育行为就自然而然的发生了变化。

在面对大班孩子入学前产生的消极情绪，她改变了以往有意识的忽视和回避消极情绪，只注重和强化积极情绪的做法。而在真诚接纳的基础上和孩子们共同面对、应对、化解孩子的消极情绪，并以"我是生活小主人"的活动，与幼儿共同经历入学心理准备的过程。

在环节过渡中面对喧闹的孩子们，出于对孩子的了解和理解，教师的行为也由关注"约束式安静等待"到关注"放开式的自我管理"

当面对不同性格和行为的孩子时，教师的指导与期待也由"一刀切"教育和"齐步走"要求，转变为多元、适宜。努力让教育更贴近和适每个孩子的需要

在"和孩子一起玩"过程中，教师欣喜的发现了孩子们所呈现的自然智慧，孩子们的游戏行为促进了教师的自我反省和行为调整，为此，和孩子一起玩的过程同步改善着教师的教育行为，实现了师幼相互作用中的共同发展。

在马庄凝老师经历了这一切后深切的感悟到：其实当我们真的倾下身，看孩子游戏、听孩子表达说话。孩子们的智慧让我们敬佩，他们的童真让我们感动，他们的行为在不断的教育着我们成人。

这一过程就如课程专家马拉古齐所说：站在旁边等一会儿，留出空间仔细的观察幼儿，这样你的就教学就会有所不同。

3. 将课程模式转换为具体的实践情景，旨在改善和丰富教师的教育内涵，促使教师学会接纳、发现和支持幼儿的想法与观点，与幼儿一起进行深层次的学习。

"活动课程"让幼儿在自己感兴趣的活动中，释放天性，积极思考，主动探索，在这种自主的区域游戏活动中，每天都在发生着大量的幼儿自发学习行为，这些自发学习行为的背后蕴含着巨大而宝贵的意义以及促进幼儿主体发展价值。就如：齐老师讲述的孩子搭建祈年殿的过程，真正体现了当幼儿成为游戏主人时，他们可以有足够的机会运用、再现自己的已有经验，在老师的适时、适宜、适度的支持下，引发了幼儿对周围环境和事物的再认识、再理解、再发现，使得祈年殿的搭建成为不断运用已有经验和构建新经验的过程。挖掘幼儿主动行为背后的意义和价值，对于帮助教师真正理解幼儿独特的学习方式、内在的发展潜力、朴素的自然智慧具有重要作用与意义。

孩子们的自主行为和自然智慧，会使教师相信幼儿是有能力、有

思想的，从而会发自内心尊重幼儿的好奇、想法以及创造性，认可和支持幼儿的兴趣和不同寻常的想法与做法。为此，才有了孩子们不断的学习、创造和发展，也才有了教师对幼儿的再认识、再理解，对幼儿教育的再认识、在理解。才有了教师与幼儿在课程中的学习与成长。

将课程模式转换为具体的实践情景，让幼儿在丰富可操作的环境中，自主的发现事物之间的关系，尝试按照自己的想法意愿解决问题，使教师有机会在支持幼儿实现自己想法的过程中，观察幼儿的学习过程，发现幼儿的智慧，看见幼儿的成长，了解幼儿的最近发展区，并在观察与发现中，结合关键经验找到支持的线索，形成支持的策略。使幼儿获得深层次、高质量的学习。

4. 将研究与教学同步，旨在改进教师固有的教学模式，让研生、研学、研究成为教师的工作方式。

六幼在"活动课程"的研究中 引导教师在行动中研究，在研究中行动，将园所课程建设与教师专业发展之间建立联系，由此促进教师课程意识与研究能力上的提升。并在研究中帮助教师实现教育观念，教育方式、教育过程、教育行为的转变和改进。建立与课程核心价值相符合的教育价值观，促进师幼在课程中共同成长。

例如：在实施"计划——实施——回顾"的环节中，平志征老师在观察、研究幼儿行为的同时，注重研究自己的教育行为对幼儿产生的影响，如：他发现有些孩子受绘画技能的限制，而影响了计划的初衷与目的性时，进而主动调整自己与幼儿的互动行为，改变了为计划而计划的行为，探索出能够适宜不同幼儿的计划方式和与幼儿的互动的内容，帮助幼儿从计划"我去哪个区"到计划"我要做什么""我这段时间要做什么"再到计划"我要怎么做"使计划环节能够逐渐回归本质。

活动课程将幼儿作为主体、活动作为载体、以促进师幼的共同发展作为目标，课程作为伴随幼儿产生的协同体，体现了以支持幼儿主动建构自己的学习经验为主线的课程研究思路，在研究中管理者依据教师的学习特点，引导教师在实践中研究，研究幼儿、研究幼儿的学

习过程，研究自己的教育行为，并依据教师学习的特点与方式，为教师提供相应的时间与空间，使他们在体验、尝试、试误、调整中，不断的积累经验，提升课程意识，增长实践智慧。 帮助老师在尝试中理解新理念、 在体验中积累新经验、在运用中内化新理念、在反思中转变自己的教育信念、在反复调整中转化为自己的教育行为。

同时，在园本课程的建设中，注重教师的研究与转变

在研究上：

研究幼儿的活动需要、研究切近幼儿的活动、研究活动中的幼儿、研究活动中的课程建构。

在转变上：

从关注教师预设的活动——到关注幼儿的自发活动

从关注在活动中教师如何"教"——到关注幼儿在活动中如何主动自发的"学"

从关注游戏材料的物化目标——到关注让游戏材料更好的支持幼儿的想法与做法

从关注孩子选择什么活动区——到关注幼儿做什么的活动——再到关注幼儿在活动过程中思考了什么、发生了什么，有什么想法和需要。——再延伸到思考教师在幼儿的主动学习中如何介入、如何支持。

将研究与教学同步，使教学的过程成为教师人人参与研究的过程，研究的过程既是教师改进自身实践，改进教学行为、构建园本课程、形成园所核心价值观和园所文化的过程。它扩展了研究的时间与空间，也使研究能有效同步的作用于教学实践， 同时，使教师经历了为行动而研究、在行动中研究，对行动进行研究的全过程，帮助教师建立研究与行动的联系、研究与教学的联系，让行动研究成为教师的工作方式。

有活动的地方就有幼儿主动学习的发生，有学习发生的地方就有课程的存在，愿六幼始终将幼儿的主动学习、教师的主动学习做为课程建设中做宝贵、最具价值的资源，在这场"静悄悄的革命"中重构课程文化，将最优质的教育奉献给我们的孩子。

第一章

"做生活小主人活动课程"基本架构

引子：北京市第六幼儿园建于 1954 年，园所面积约 1 万平方米；隶属于西城区教育委员会，是北京市市级示范幼儿园。随幼教改革的深入，幼儿园在"十五"和"十一五"期间开展了多项课题的研究活动，并且通过这些课题研究，不断深入贯彻《幼儿园教育指导纲要》，探讨把《纲要》贯彻在实践中的教学方法与策略，解决幼儿园教育中的实际问题，例，通过"蒙式教育中国化"的研究，教师理解了创设有准备教育环境的含义，并学会了一些方法和策略，通过"做中学"课题和"在区域活动中教师支持幼儿自主游戏有效策略的研究"，教师能在区域游戏中观察幼儿，并能有意识的引导幼儿，让幼儿在与环境游戏材料互动中获得有效发展；通过"家园共育，培养幼儿良好情感"的研究，感受到教师积极主动的和家长进行有效的沟通，是保证教育有效性非常重要的环节，"共育"意味着教师、家长共同承担着培育幼儿的任务。

在进行了这样多的课题研究后，我们发现我们始终有一个问题没有解决好，就是如何把正确的教育观真正落实在日常教育教学过程中，并指引我们的教学实践。

对于正确教育观的内容我们教师已经耳熟能详了，但在实践过程中，我们教师总是自觉不自觉的出现用自己的思维代替幼儿的思维，用孩子学习的结果来评判幼儿活动的过程和幼儿发展水平等问题。尤其是在日常不经意的活动中，当教师失去了对自己教育行为的警觉之后，就很容易回到原点，用自己的经验和本能解决教育幼儿的问题，而不是依科学的教育观念和专业能力、教育策略进行工作。

我们认为，不断深入幼教改革，开展各种教育研究课题，有意的形成自己园所的办园风格，其根本目的就是要转变教育观念提升教师的教育素质，促幼儿园教育质量的不断提高。因此为了解决理念与行为脱节的问题，为了让我们时刻都能用教师专业的眼光看待和分析教学活动

中的各种状况，深层次的关注幼儿发展，2009 年底开始提出"做生活小主人"活动课程的研究与探索，并让它成为幼儿园发展的又一个新起点。

第一节 "做生活小主人活动课程"概念的界定

　　"活动"是指与人的生命运动相关的和相近的积极性主动性和能动性的表现。活动的"活"含有生命的，它修饰"动"；动与静是相对立的，它有动作、行为的意思。因此在一项活动中没有充满生机与活力的动作，那么它就是违背活动本义的，就不是严格意义上的活动。"活动"明显的表现为人的行为和动作，但仅仅把活动理解为外部的行为和动作是浮浅的。我们指的活动是积极主动的动作和行为，仅有动作和行为还不够，活动还包括个体头脑中的各种反省、体验等内部活动。活动既是由外到内 ，也是由内到外的一种转化过程。因此完成的活动由外部活动和内部活动两个部分组成。

"课程"的名词解释：课程是按照一定的社会需要，根据某种文化和社会的价值取向，为实现学校教育目标而组织制定的一套有目的、可执行的计划，它规定了培养目标、具体内容和实施的方法，并且有一套可以具体实施的策略以及恰当评价的方法。课程的基本要素包括：目标、内容、过程方法及评价标准的课程体系。

"做生活小主人活动课程"（以下简称"活动课程"）：坚持把生活的自主权还给幼儿，培养幼儿做"人"的品质，具体培养目标：让幼儿成为健康活泼、爱学好问、文明友爱、自理自立、勇敢自信的主动学习者。

"活动课程"坚持"幼儿一日生活皆课程"的理念，把幼儿在幼儿园生活游戏学习的每一个环节都看成是课程的一部分。但从幼儿园活动方式上分，分成三部分，一是日常生活活动，二是幼儿自选游戏活动，三是大组集体活动。这三部分是自成体系，又相互联系，每部分都有它独特的教育侧重。

第二节 "做生活小主人活动课程"的理论依据

陈鹤琴的"活教育"思想："大自然大社会，都是活教材。"强调儿童在自然、社会的接触中，在亲身观察和活动中获得经验和知识

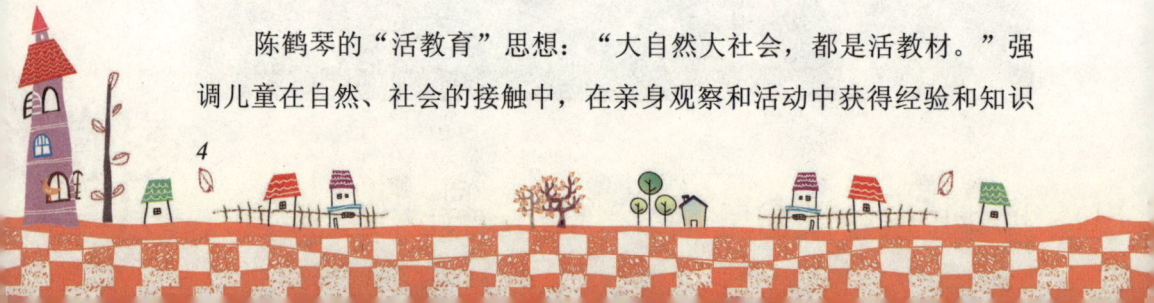

的重要性，主张把书本知识与儿童的直接经验相结合。

在心理学上是基于皮亚杰的认知理论：儿童是思维发展的关键，通过自己主动的探索和发现活动来建构自己的知识体系。即主体与客体之间的相互作用，在相互作用的过程中，儿童通过同化和顺应的机制来认识事物、积累知识、发展能力和品德。因此，儿童要有充足的机会自主地选择活动，通过积极的探索积累学习经验，建构个人的知识体系。

蒙台梭利的激发教师原动力的思想主张。例：（1）教师要像科学家一样。科学家是我们从小的偶像，如果我们每一名教师能把自己看成是科学家那样，教师内心会油然生出无限的工作激情和动力。（2）自由和纪律的关系。蒙台梭利强调幼儿建立纪律（秩序）和成人是不同的，儿童是在其成分的自由活动中建立的，是通过不断练习的结果。这让教师更关注在生活中给幼儿更多的自主，通过环境创设来指引幼儿获得对规则的理解。（3）幼儿发展关键期。儿童生命中各时期的发展有其自己的发展规律，成人依据儿童认知发展规律可以让教育起到事半功倍的作用。（4）为幼儿创设有准备的良好的物质环境和精神环境，教师也是环境的一部分。蒙台梭利非常重视成人对幼儿营造的精神环境，在这点上教师体会很深。（5）蒙氏教具所含的思想内容；包括：关注幼儿生活身边材料的投放；在材料渗透一定的教育目标；材料中所含教育目标台阶设立很低，幼儿可以通过自己的操作就能认知；音乐对幼儿发展的重要作用等。

杜威把"活动"作为课程的核心，他提出了著名的活动阶段论。

他把认识看成是探索和研究的活动，把思维看作是从疑难情景趋向于确定情景的过程，并认为教师在知道儿童解决问题时，要充分考虑并创造性地运用反省思维。他指出：反省地思维的功能，在于将经验到的模糊、疑难、矛盾和某种纷乱的情景，转化为清晰、连贯、确定和和谐的情景。

第三节 "做生活小主人活动课程" 的研究目的

"主动学习"是活动课程的核心，"让幼儿成为有智慧的问题解决者，做生活的小主人"是活动课程总目标。

关于"促幼儿主动学习"的思想，国家《幼儿园教育指导纲要》从幼儿发展自身生理、心理需求上已经做了深刻的阐述，对教师的要求和在精神环境物质环境的创设上也提出清晰的要求；我们教师对此也有较深刻的认识；但它在实践层面上，还需要我们有和其思想对接的在具体执行操作层面上的策略、方法；为此本着"站在巨人的肩膀上能让我们看得更远的思想"，我们学习了"高瞻课程"中促幼儿主动学习的方法和策略，在体验一种价值观一种方法论的同时，不断转

变教师的思维模式，在模仿和实践中逐渐生发出我们自己的思想，探索适合自己本土化的幼儿园教育课程。

（一）解决教师长期以来的专业滞点，从关注教师的"教"转变到关注幼儿的"学"。

"让自己感动的教育，才能感动别人"，我们开展园本"活动课程"研究，也是要通过研究的过程，通过教师潜心钻研实践，在不断发现幼儿智慧和生命灵动的同时，教师自己也在不断被激励和感染，在孩子成长的同时教师也在成长，从而使教师对事业对孩子永远保持着强烈的爱与责任。

在过去以往的研究中，我们研究的成果会偏向成型的具体的教育内容、方法和策略上。这次的研究我们在研究的过程中会注重以不断激发教师自我内在工作激情为思考的方向；促教师主动学习实践和思考，并通过集体的交流，展示，资料收集整理等方式，使教师不断培养自己工作的实践力、创造力、反思能力，从教师专业化水平不断主动提高。

（二）对教师狭义"专业"的界定。

1. 在一日生活中，教师通过自身示范和运用教育智慧，为幼儿营造温馨平和自由的精神环境。

2. 在创设适宜幼儿发展的生活和游戏环境中，教师关注幼儿发展关键期，为幼儿在生活中主动学习提供有效的环境指引、充足的活动材料及丰富的幼儿感兴趣的活动内容。

3. 在引领幼儿活动时，要充分尊重幼儿以自己的思维速度进行活动，激发幼儿不断的活动热情，向"成为有智慧的问题解决者"目标前进。（有教育模式——计划、实施和回顾环节）

4. 掌握基本学科知识和技能；通过学习成功案例，掌握正确的教育思维模式和思维方向。

5. 掌握与家长沟通的技能和方法。

（三）总结出适宜幼儿发展环境的具体要素，及具体的课程内容方法和策略等，做成课程包，建立幼儿园的资料库，为其他教师今后的教育教学提供有价值的内容参考。在这个资料库中也包括家长工作的案例及对教师工作方法的解读。

（四）探讨全面和纪实性的分析评价幼儿的方法。（这也是教师专业能力的重要组成部分。本书中不涉及这方面的内容）

第四节 "做生活小主人活动课程" 的研究内容

（一）从教师教育实践的内容界定

1. 在幼儿生活活动中探索教师适宜的指导方式。

2. 在幼儿自由游戏区活动中，探索如何让幼儿在自主的"玩"中主动学习。教师观察分析和指引幼儿方法、策略。

3. 大组活动中，如何分析教材，掌握幼儿年龄特点，把握"活动"促幼儿主动学习的专业技能。

4. 积累家园共育的经验。

5. 总结出促教师专业成长、激发教师主动进行实践反思研究的教学管理的策略与方法。

（二）从幼儿一日生活方式的角度界定

1. 日常生活活动，随幼儿在幼儿园的生活，自然的习得生活自理能力，同时学习与人交往，照顾环境等，社会性方面的能力偏为重点。

2. 活动区自由游戏活动：在一定时间内幼儿根据自己的需求制定游戏计划，并按自己意愿决定活动内容与方式；教师根据幼儿年龄特点，发展需求创设各样游戏区和提供丰富的活动材料，教师通过和幼儿一起游戏，支持帮助幼儿完成计划学习解决问题，不断的发展幼儿经验、知识，引导幼儿主动的探索和发现；教师不仅要鼓励幼儿大胆的做挑战自己能力的计划和参加活动，还要鼓励幼儿行动起来，自己探索；最后，通过回顾环节让幼儿主动讲述活动过程，在交流表达中梳理幼儿获得的认知和经验，并激发幼儿新的活动和思考。幼儿是活动的主角，教师是活动的策划者和发动者。

3. 大组集体活动，活动内容是教师根据幼儿发展水平和兴趣预设的内容。这种形式的认知活动它需要幼儿掌握基本概念，有一定的既定目标，它的设计注重活动性、生活化，教师不光注重结果，

更注重过程目标。活动中，教师要鼓励幼儿行动起来，幼儿是活动的主角，教师是活动的策划者和发动者。故此大组活动内容目标的制定是即要注重结果也要注重过程，这种结果是幼儿活动后的结果。

第五节　"做生活小主人活动课程"的组织要素

（一）活动课程中的教师

教师要成为幼儿的玩伴——发现幼儿情感与智慧；鼓励幼儿选择与尝试；支持幼儿思考和表达。

（二）活动课程中的幼儿

幼儿是生活的小主人——是积极主动的交往者；学习过程的亲历者；有智慧的问题解决者。

促幼儿主动学习是课程的核心。

幼儿"主动学习"表现为主动和环境（包括成人、同伴）互动，教具、教材的直接摆弄；有想法的运用自己已有的认知经验，通过兴趣引导着不断地探索、试验，在实践幼儿自己想法的活动过程中逐渐建立新认知经验和发展技能。

（三）活动课程中的环境

1. 环境创设与材料的选择

创设促进儿童的主动学习的生活环境：在活动区的空间和材料上，要经过慎重的布置和选择。活动区材料设置要丰富，形式多样化，留给儿童充裕的操作时间。活动材料不一定精致、豪华，一些原始自然的材料如水、沙子、树叶、豆子、绳子等，甚至一些废旧物品如易拉罐、

纸盒等，都可以成为很好的活动材料，但是要有组织地摆放好，方便儿童自己独立拿取和摆放，并在用完后收拾整齐、放回原处。同时教师能够鼓励儿童参与并且获得个人的、有意义的学习经验，儿童在一个宽松的精神环境中，参与活动。

根据幼儿发展和认知特点，小班、中班、大班环境创设内容和材料投放方式是不一样的。

2. 创设良好的精神环境

（1）教师从容的行为、温暖的表情、恰当的语言，对幼儿日常生活学习游戏质量乃至性情的培育有着至关重要的作用。

（2）关爱每一个幼儿，公平、民主的处理孩子们之间的交往困惑，为幼儿形成良好的人格特征打下基础。

（3）恰当选择音乐，适时的在幼儿生活环节中播放，同样能起到为幼儿创设良好精神环境的作用。

（四）使用"关键经验"词汇，使教师放下着急"教"的心态

"关键经验"的特点主要包括以下几个方面：第一，关键经验是幼儿发展必不可少的，具有发展性。第二，关键经验是连续的，其发展必须经过一定的过程。不是一蹴而就的，它可以分成不同层次和领域的关键经验。第三，关键经验的获得和发展有赖于幼儿与环境（物和人）的互动，有赖于经验的积累。"关键经验"，我们解释用简单的一句话是：幼儿已经具有的认知经验技能和幼儿通过亲历活动将要获得的经验和技能。

针对教师在与幼儿互动的时候总是想要幼儿实现教师计划中的目标,因而产生"教"的冲动;为此我们提出关注幼儿活动中的"关键经验",而不是关注幼儿活动时是否实现了教师设定的教育目标,这样去掉教师的着急心态,而是鼓励教师要客观关注幼儿活动。(教育笔记中强调客观的描述幼儿现有的发展状态,分析幼儿的关键经验。)

第六节 "做生活小主人活动课程" 策略、方法

"策略"名词解释:"策"是"激励""促进"之意;"略"是指"大致、简单"的意思。"策略"全意是指:"激励实现目标的大略计谋"。

【策略一】和幼儿一起玩。

促"幼儿主动学习"是课程的核心。针对教师总有想"教"的冲动,我们提出和幼儿一起"玩"的口号,在幼儿游戏区活动时,请教师暂时放下教师"教"的思想。而是和幼儿一起想怎么玩,玩得越热闹越

投入越好。

方法：让幼儿自己决定到活动区玩什么，和怎样玩。

它的教学模式是：幼儿游戏前要做游戏"计划"，游戏时按自己的想法"实施"计划，在游戏结束时在集体面前"回顾"、和小朋友分享自己游戏的过程。

（1）"计划环节"目的是：重在给幼儿表达自己想法和意愿的机会，教师的角色是了解幼儿的兴趣、需求，和掌握幼儿发展水平。

（2）"实施环节"目的是：支持幼儿学会在实施自己的计划中主动发现问题、自主解决问题。教师首先要和幼儿一起玩、在玩幼儿的游戏过程中，观察了解其真实的发展状况，帮助支持幼儿实现幼儿的想法。这也是让教师放松心态，抛弃在自己思想中总有的手把手"教"的冲动。

（3）"回顾环节"目的是：重在支持幼儿用自己的语言表达游戏过程，讨论共同关心问题。这是促幼儿"主动学习"的一个重要环节。

【策略二】一日生活皆教育；做生活的小主人。

"促幼儿主动学习"不能仅仅的在幼儿游戏区活动中，也应该在体现幼儿生活中的各个方面，以实现《纲要》的一日生活皆教育的思想，

因此我们提出"一日生活皆教育，做生活的小主人。"

方法："让环节流动起来"，幼儿园的一日生活有各个环节，环节的衔接非常体现幼儿的主动和自主，实际也考察着教师对幼儿"在生活中学习"理念的理解，因此我们提出，"让环节流动起来，"就是提示教师在一日生活中创设，让幼儿能自主的做生活小主人的精神和物质环境。

【策略三】 为幼儿打开一扇扇窗。

幼儿学习是在生活游戏中的，生活是丰富多样的，因此指引教师把目光扩大在幼儿能接触的真实的生活和大自然中。

方法：

1、"投放底结构游戏材料"，生活中幼儿常接触的一切（安全）自然的材料都可以拿到班级中，尤其是能实现幼儿多种想法的低结构材料，例：沙、水、石、果实等，放在游戏区中。

2、关注幼儿真实生活开展多种多样的主题活动。幼儿能理解的，生活事件，都可以成为幼儿游戏的主题内容。

【策略四】 玩好玩的游戏。

方法：

1. 开展"六幼杯"教学集体活动观摩，大家共同关注实践总结"促

幼儿主动学习"的集体教学模式特点和教材要求。

2. 日常备课选大纲的思考角度转变。从原来选材首先从教学内容要有教育目的的角度，转为教学内容首先要让幼儿喜欢、感觉有趣、"好玩"为切入点，然后深入分析教材，找到适合幼儿当前能力和发展水平的教育目标和方向。

3. 教学计划关注教师在备课过程中对幼儿提问的具体语言、问题。促幼儿主动学习课程强调的是让每一个幼儿都能获得主动的思考和表达，因此教师的提问，要适合各种发展阶段的幼儿，让每一个幼儿都能在同一个内容中获得主动成长。教师的在活动中的提问就很关键。

【策略五】关注幼儿，了解幼儿的需求

方法：

1. 在游戏过程中评价幼儿。记录幼儿游戏语言，积累过程性评价第一手资料。从幼儿活动中展现出来的优势方面进行分析。

2. 实践现场观摩、录像，研究幼儿需求，和师幼有效互动的方法。收集相关案例。

3. 调整教育笔记的写法，撰写幼儿教育故事，促教师关注幼儿游戏。以观察幼儿真实行为为原始记录，然后再从纲要和幼儿发展关键经验的角度写教师对幼儿行为的分析。改变教师对幼儿观察边叙边议的写法。这样教师会更客观。

第七节 "做生活小主人活动课程"的特色

（一）把课程概念放入到一日生活中，强调了教师在一日生活中都要有教育目标和教育观察、反思的意识。生活即教育的理念很突出。

（二）以往的教育研究是以教学方法切入，研究对幼儿教育的有

效性。而活动教育课程的教育研究直指教育目标，也就是我们的教育活动首先是要思考确定教育目标的价值点所在。

（三）借鉴蒙式教育主张"为幼儿创设有准备的教育环境"思想。活动课程也注重环境材料的丰富，但它除要求成人精心准备的环境外，还为幼儿提供生活中能常见到的各种原始生活材料，也就是低结构材料。

教师的另一项重要任务还有是为幼儿创设有趣的、适宜幼儿探索的游戏情景内容或提出有挑战性的问题，促幼儿在游戏中发挥想象力、创造力，进行主动探索。

（四）活动课程突出研究的3各方面：（1）环境创设方法，（2）保证各游戏区核心价值实现的游戏材料特点和内容，（3）师幼互动的方法。

（五）活动课程在教学方法和教学内容上整合了我们幼儿园过去以往的研究成果，并从决定教育的性质——研究教育目标背后的价值点出发，通过对目标重新审核、定义，使教师对教育目标有更深刻的理解。当教师有了价值判断的标准后，再实施活动教育，再观察幼儿、对幼儿的评价，使能其从根本上、从态度情感思想上主动转变。

（六）活动课程很注意在活动中的生成性目标，根据教学的实际进展情况提出灵活的目标要求。教师不是把重点放在特定的行为之上，而是放在幼儿形成认知经验的过程中，这样摆脱以学会特定的知识经验为教育目标的束缚，使孩子有机会去探索，发现他们感兴趣的问题或课题。

第二章

"做生活小主人活动课程"
之主动参与式教研，
促教师专业发展

第一章是讨论"做生活小主人活动课程"基本思路、架构，而这一章是叙述，幼儿园在课程管理方面是如何一步步走过的，包括管理理念。

"做有思想的教师"是让教师获得职业幸福感的前提，我们说让幼儿成为生活的小主人，教师首先应该成为自己教育教学的主人，这样他们才有可能关注幼儿"做小主人"，才有兴趣去分析孩子行为背后的特点。卓越的幼儿教师，不再仅仅是会唱会跳的教师，而应该是具有研究幼儿的意识、能主动思考的教师；一句话，要具有"科学家"那样的工作精神和工作能力。

"让教师有思想"，幼儿园管理者就要首先"有思想"。而管理者的思想应该落在：依据《纲要》、《指南》精神，依据幼儿身心客观发展规律的基础上，进行园本课程架构的设计和做出课程总实施策略方案；以及及时引领教师突破在课程建设过程中出现的瓶颈性问题。

在开展园本课程的研究中，我们觉得应该至少有二个层次的内容；一是解决教师具体实践操作中的问题；二是解决教师思想观念中的问题。

在具体操作层面上，我们通常采取发挥教师团队的智慧，通过讨论、观摩和发挥骨干教师作用使之解惑，促教师主动模仿、实践，然后反思、消化，变成自己经验和教学技能。

针对教师思想观念层面中的问题，我们更多的是大家一起描述幼儿发展现状、分析幼儿心理发展需求，解读《纲要》、《指南》文字所表达的背后涵义，通过解读其思想，更进一步梳理出教育的核心价值；然后再从成功的实践案例中分析出"理念"在实践中的运用方法；最后针对教师目前教育教学现状，找到教学实践中所需要支撑的教育思想的具体内容。这样在教育实践中促教师主动建立正确教育思想，不断深入理解《纲要》和《指南》。

第一节 参悟《纲要》精神，归纳课程核心理念，引领教师思想转变

一、教改前后在思想认识和实践层面上有何变化？

《纲要》颁布后，全国幼教界的教师都在探索把《纲要》精神贯彻在教育教学实践中。但教师们在组织幼儿活动的过程中，不禁产生了这样的疑问：在教改前我们就是教幼儿学习穿衣服，培养自理能力；如今教改，我们还是教幼儿学习穿衣服。那教改前后有什么不一样，到底什么发生了变化？这个问题我们觉得提的非常好，说明教师对教育教学改革有主动的思考，于是我们组织大家展开了讨论。

通过一番积极的辩论，和深入解读《纲要》中文字的内涵，最后教师们统一了思想：我们帮助幼儿学习自己穿衣服是对幼儿进行生活自理能力的培养，是幼儿园教育教学活动的一个内容。过去我们教幼儿学习穿衣服，说儿歌，有穿衣各种方法的歌谣，但我们的目标是看最后幼儿通过说歌谣，学没学会穿衣服。而今天我们也教幼儿学习穿衣服，也说歌谣，这时我们更要关注激发幼儿学习自己穿衣服的兴趣

和需求，更关注幼儿在学习穿衣服过程中，是怎么克服困难的，是怎么解决问题的，是怎样学习的。当然，幼儿最后肯定是要学会穿衣服的，但在这个过程中的体验过程是需要教师细致观察，及时鼓励；通过学习穿衣服让幼儿感到自己是有能力的，可以学会做很多事情，激发幼儿今后更加主动的学习其他本领。

这个案例是表述教师在教改过程中思想上的解惑。我们说"让教师有思想"，就是教师要有自己的想法。其实教师在具体教学方法上是非常有创造性的，但如果教师的教育思想是混沌的，在与幼儿互动过程中就不能够促使教师的眼光关注到幼儿精神的发展和学习品质的建立。教师只有理解了幼儿一日生活活动各环节的教育价值，把握了正确教育思想在日常工作中贯彻的思考角度；才能够在实践中正确的创造并提炼出自己独特的教育方法，形成独特的教学风格，成为"有思想的教师"。

在幼儿园每一次的研究讨论中，管理者一般是把收集的教师问题在会上提出，然后讨论。在这里充分发挥团队骨干教师的作用，很多时候，骨干教师在讲自己对问题的看法后，教师们心中的疑问就澄清了，这时候，管理组织者不

必说什么了。如果是骨干教师也没有说清楚的问题，管理者也是以一个普通参与者的角度，讲自己的看法。管理者用什么方式培训教师，教师也会用什么方式和幼儿互动。

二、什么样的材料能支持幼儿的操作与发展？

创设和投放丰富的游戏区环境材料，特别是注重投放低结构的游戏材料，对支持幼儿的活动起着关键的作用。那什么是低结构的材料？在幼儿对低结构材料的操作过程中，教师怎么促幼儿主动成长？我们发现，这是教师课程实践的首要难题。

大家知道：环境育人，环境决定人的发展。我们幼儿园研究了很长时间的蒙台梭利教育，对高结构的材料教师们能较好的把握了，但是对低结构的材料的投放教师却不知怎么做。特别是低结构材料到底蕴含了什么样的教育价值，教师总是有疑惑：幼儿就是在那里瞎玩吗？那在这样的瞎玩中，对幼儿的成长有什么样的帮助？

低结构的材料就是没有复杂结构、可变性强，能实现孩子多种想法的幼儿可操作的材料。例如：沙、水、石等自然材料，还有纱巾，布片、纸盒子等生活中常见的材料。

幼儿操作低结构材料能起到促幼儿主动学习的目的吗？我们集体组织观摩看骨干教师的教学实录，大家一起分析在幼儿随意操作低结构的材料中，到底幼儿在想什么，这里面有没有幼儿的主动学习？我们组织了教师看：幼儿用纱巾在表演区的游戏。通过大家讨论分析，教师说：幼儿用纱巾当裙子、披肩、包头就是幼儿运用智慧创造性的装扮自己。幼儿按音乐节奏表演走梯台模特步的样子，不仅仅是对生活的模仿，其实听音乐，自信的展现自己最美丽的样子，就是在这个过程中幼儿不断的获得自信愉悦的心理体验。孩子们在一起协商出场次序，就是在学习合作。

当然教师在这里主导作用的发挥，也不是教幼儿如何走T台，而

是提供材料，创设环境，和幼儿一起制定表演规则，最后召集其他幼儿观看表演。在给搭建了这样的空间后，幼儿慢慢的在表演展示中越来越主动积极自信，团队合作意识也逐渐建立起来。

在后来的实践中，教师们积累了大量的观察幼儿玩低结构材料的案例，管理干部组织大家一起进行交流——"发现幼儿的学习，看见幼儿的思维。"通过不断的交流，教师们逐渐看到：幼儿是有智慧的，幼儿在自己喜欢的游戏中他的思考与创造性有些时候甚至超越我们成人。

三、"幼儿均选择同一种游戏材料"背后，哪里出了问题？

在实践活动课程前有教师问：让幼儿自己做游戏计划，幼儿想玩什么就玩什么；如果幼儿都想玩一种玩具怎么办？

回答这个问题其实很简单，但我们管理还是组织教师进行了讨论。一是幼儿园年轻教师多，这个问题是她们面临的普遍问题，二是让骨干教师回答，这样教师们从情感上更能接受。在讨论中骨干教师是这样说的："每一个幼儿都有自己的兴趣，每一个幼儿的发展水平和想法都是有差异的；但如果幼儿都喜欢在一个区游戏，都喜欢玩一种玩具，这时候教师就要反思，教室里其他的材料和环境创设是否符合幼儿年龄特点？幼儿是否喜欢？说明教师在创设环境和投放方面有问题。"还有骨干教师说："如果幼儿都喜欢一种玩具，例如积木，教师就要了解幼儿想做什么？如果幼儿是想做房子，那教师就要考虑别的游戏区能不能实现幼儿盖房子的愿望？"通过讨论教师很快自己就有答案了：美工区也有做房子的材料，桌面结构游戏也有能支持幼儿搭房子的材料。而不是只有某一个区的材料。

也就是说如果幼儿扎堆在一个区，说明其它区域活动材料、内容教师要调整；如果幼儿都想做某一件事，教师应提供多种材料支持幼

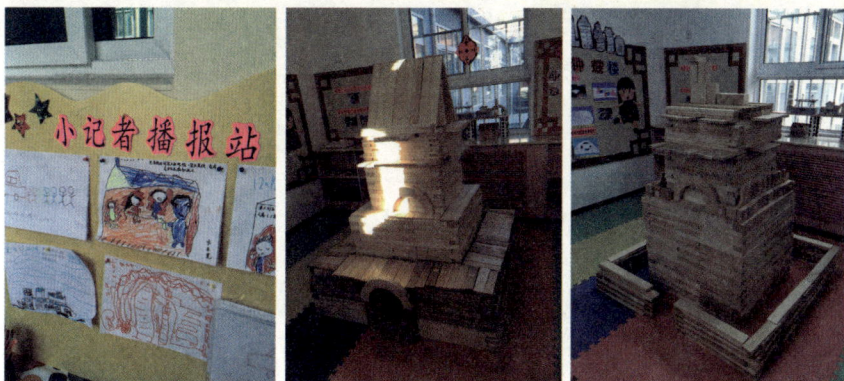

儿实现自己的想法，这样幼儿自然就不会扎堆。

四、师幼互动中为何强调"教师要和孩子一起玩？"

在投放了材料后，很重要的是教师要观察幼儿、和孩子一起玩，看幼儿是如何使用它们的；教师的作用是支持幼儿不断的有趣玩下去，让幼儿在自发的游戏中，玩的越有内容、越热闹越好。只有幼儿自己喜欢内容的游戏，幼儿的思维水平及主动学习的意识才能有高质量的发挥。

在游戏区环境中管理人员看到：教师和两名幼儿一起专注的下棋，旁边的幼儿插了枪后开始在班中玩打仗游戏，干扰了其他游戏中的幼儿，教师还是全然不知，还在有兴致的和下棋幼儿玩。很显然，教师的这种和幼儿一起"玩"的行为是不符合我们说的活动课程中"玩"的概念，那我们应该怎样正确的理解"玩"的理念呢？管理及时就"玩"进行了解读。

和幼儿一起"玩"，这个"玩"应该有这样的含义。

1. 教师"玩"的态度，应该更多的是指教师在和幼儿互动时精神放松，平等融洽和幼儿交流，在游戏中接纳幼儿想法，延展游戏内容。

2. 和幼儿一起"玩"，不是指简单和一个幼儿或几个幼儿"玩"的概念；而是强调教师要同时和所有幼儿一起玩、观察幼儿游戏的状态。因此在行为上教师要更多的关注每一个幼儿的游戏内容、情绪状态，和幼儿游戏中的语言发展，操作的工具等，要关注幼儿的想法；要根据幼儿的游戏线索，不断进行环境材料的再调整和创设。

3. 教师在和幼儿玩互动中，注意根据幼儿原有的认知经验提出适宜的有挑战性的建议，使幼儿游戏深入下去。

下面的表格标示出教师和幼儿"玩"的内涵：

教师对幼儿的情感支持	和幼儿是平等的伙伴。 欣赏幼儿 教师精神放松，淡定从容地和幼儿游戏，是幼儿游戏的伙伴。 对幼儿游戏的期望值放在能不断的促幼儿愉快的玩下去。
教师的行为	提供丰富的幼儿可能能玩起来的玩具材料和创设相关环境。（五大领域内容） 教师的"玩"更多的是帮助幼儿把幼儿生活经历过的事情放在游戏内容中，唤醒幼儿已有的生活经验，来进行游戏。也就是促幼儿提取已有的认知信息，并进行重新组合，用于解决当下幼儿游戏中遇到的困难，使游戏不断玩下去。 观察幼儿如何利用这些材料。幼儿的游戏是不是象老师在投放材料时预设的内容那样进行；如果"是"，那幼儿的行为是怎么表现的；如果"不是"，幼儿又是怎样表现的。 教师不要动手帮助幼儿使用材料；只能用语言，提示身边有那些材料可以让幼儿实现自己的想法；只有对幼儿进行良好生活习惯培养时，教师可教幼儿工具使用方法；或幼儿提出老师要帮助自己时教师才能帮忙。

总之师幼互动总的策略是"和幼儿一起玩"，这"一起玩"的含义，不是教师代替幼儿玩、指挥幼儿玩，也不是教师就和一个或一小部分的幼儿玩。"和幼儿一起玩"要求教师一定是尽量观察到所有幼儿的行为，试着去了解幼儿的想法，支持幼儿有自己的主意，从而自信地

探索、表达。我们所追求的教师和幼儿的活动，目标不放在完成游戏的结果上，而要放在引发幼儿在过程中不断的操作思考、与周围环境互动、积极的解决问题上。教师要更关注如何培养幼儿在游戏过程中能有积极的态度、坚持目标、不怕困难、乐于尝试的学习品质。

第二节　追随幼儿学习过程，分析经典案例，激发教师新视角思考

　　从理解"活动课程"的理念，开始到实践"课程"，在这段时间里不管是管理还是教师，都感到有很大收获。每天管理和教师交流、进班看实践，然后就教育教学活动中的一些问题进行讨论。这时，管理发现教师在教学行为中出现的问题几乎是一样的：就是在游戏中教师总是按着自己的想法指导幼儿，却不大关注幼儿自己的想法、看法，耐心的观察幼儿游戏行为；有时候表面上看是教师在让幼儿表达，但幼儿表达的内容，是教师早已经限定好的范围，例如：在游戏回顾环节，教师一开始就问幼儿：你在游戏时遇上了什么困难？这样一下就限定了幼儿。尽管教师嘴上说："要了解幼儿的想法，要关注幼儿的游戏过程和幼儿个性的表达"，但实际上却不是。有教师更清晰的表达说："我知道要关注幼儿的游戏行为，了解他们是怎么想的；但不知道怎么回事，我和幼儿互动的时候，不知不觉就又引导着幼儿按我说的做了。" 经过反思，我们认为转变教师思维模式是解决问题的根本方法。

　　下面的 4 个案例是我们在转变教师思维模式的过程中使用的。

　　大家知道，成人的有效学习是和自己的实践紧密的结合在一起的。在具体的教学案例中，教师很容易理解和领会"关注幼儿学习过程"设计教育方法的思考角度，分清"关注实现幼儿认知目标"和"关注幼儿学习过程注重培养幼儿学习品质"在具体做法上的区别。所以作

为管理者我们组织了几次教研活动和活动分析，力求从中提炼出精华，分别为教师呈现了四个不同深层含义的活动，让教师从中体会。每个人的感受都可能是不同的，但是必定会激发出教师的思考。

一、"吃苹果"讨论，让教师感到幼儿亲历活动的重要

"请教师说是苹果的特征"。听到这个话题的时候，所有教师都露出的轻松的表情，想必大家觉得这不是一件难事，而且人人皆吃过，人人皆知，非常简单。教师马上能说出 N 多苹果的特征。

"现在我们出示苹果各种样子的图片，如果我们现场真的吃一吃苹果，您说是凭着印象说苹果的特征多？还是看苹果图片甚至吃苹果后说出的信息多？"

"尽管我们过去吃过很多的苹果，但今天我们进行认识苹果的活动时还要现场品尝，这是为什么？"

教师听了接下这二个问题后都没有再着急说话，之后引发了教师们的热烈讨论，大家说：可能每天人们都会吃苹果，但如果今天是带着发现苹果特征的目标吃苹果，人们就会留意"苹果"各部的细节。也就是说在带着清晰目标的亲历操作，人们提取的信息会更多、更准确，人们也会因为发现苹果细节而更积极的参与讨论。教师们聊到这里才恍然大悟，思考原来过去我们在和孩子互动的时候，其实并没有把"亲历"对幼儿学习起着至关重要的作用这样来看待。我们教师反而会注重和幼儿回忆自己的经验，鼓励幼儿多说上，但如果没有孩子现场的有目的的操作、探索活动，幼儿就很难准确主动提取更多的鲜活的信息，师幼互动就质量大打折扣。

这看似简单的问题却给老师带来了很大感触。

二、分析"观察蜜蜂"案例，领悟培养幼儿学习品质的方法

在学习《纲要》以后，现在教师们都知道了：要重视培养幼儿学习品质，关注幼儿可持续发展能力。在和幼儿互动的时候，在组织集体教学的时候，教师设计教育目标要指向幼儿能力发展，而不要单纯的指向知识技能目标。

话好说，但如何做？从哪儿个角度思考和设计教学活动？为解决教师这个困惑，教研活动中我们分析了这样一个案例。（这是美国的一个经典案例。）

"画蜜蜂的活动"（六岁儿童）。第一次活动：教师先让幼儿画自己心目中蜜蜂的样子。（幼儿画的各种各样，基本上是孩子看的卡通片中蜜蜂的样子。）第二次活动：老师让幼儿参考真实的蜜蜂标本画蜜蜂。（这时幼儿画的蜜蜂更接近真实蜜蜂的样子。）第三次活动：教师和幼儿一起讨论密蜂的样子。"蜜蜂长得什么样？"孩子们进行了热烈地讨论。

管理和教师们讨论：这是一节科学观察活动，为什么美国教师采取这样的教学方法来让幼儿认识蜜蜂？为什么不直接让幼儿看蜜蜂标本问：这是什么？蜜蜂的头上有什么？有几对翅膀？等等，这样直接指引幼儿观察？

现代的教育理念说：要促幼儿主动学习，要尊重每一个幼儿，每一个幼儿都有自己的学习方式和学习速度。在美国的案例中这些目标是如何实现的？

突然教师明白了，"尊重幼儿的学习特点，注重幼儿的学习过程"，就是要让幼儿用自己的眼睛去发现，用自己的方式探索了解周围事物，用自己的语言表达。在这个过程中教师要给幼儿创设充分的表达空间，让每一个幼儿都能在自己的认知经验基础上去学习。如果教师指着蜜

蜂的某一部位请幼儿说教师制定的蜜蜂部位特征，那如何体现促幼儿主动学习，让幼儿按自己的兴趣和学习方式了解蜜蜂特性及自主表达自己的发现呢？（私下有教师说：还真是，我过去教幼儿认识小动物，就是让幼儿按我要求指着说的。）

这个案例还给我们教师在备课思路上提供了一个小窍门：设计一节具体的教学活动时，"知识、经验目标"要暗含在教师创设的环境和材料中；而"学习品质目标"要设计在教学过程的方式方法上。在活动过程中教师要激发幼儿有兴趣的活动、主动动手操作、动脑发现、完成任务，获得新认知和新经验。活动结束时教师可以组织讨论，和幼儿一起进行知识经验的梳理。这样的活动就是体现了教师关注幼儿学习能力、品质的培养，而非单纯的知识、技能的训练了。

三、"运水"案例让教师明白：在活动过程中教师看什么

"运水"（适用于小班幼儿的活动）这是一个法国的经典案例，这个案例在前些年的《学前教育》杂志上刊登过，案例的文字书写很普通，就是名称、目标、准备、活动进行，并不起眼。但当我园有教师尝试着模仿做了这样的活动，就一下子看出了这个活动的经典之处了。大致活动过程是这样的：教师准备各种运水的工具，有各种大小的瓶子、大勺子、漏勺、海绵、漏斗、铲子等。活动开始时，教师请幼儿用这些工具，把水从一处"水塘"运往另一处"水塘"。在运水的过程中，教师只是用语言鼓励幼儿多尝试各种工具来运水，看看什么工具最好用，这时幼儿会主动挑选使用自己"顺手"的工具，活动过程中幼儿会出现相互模仿学习，主动改变运水方法，根据"水塘"水的多少，更换工具。例：一个孩子先选择了有窟窿眼的瓶子，当他把瓶子装满水，刚一提出水面，水就流出来了，他赶忙换了一个工具；大容器能运很多的水，开始孩子不太在意自己的容器，后

来有的幼儿看到别人的容器很能盛水后，也去选择大容器；当"池塘"水少了以后，有孩子试着拿来海绵取水，然后双手托着海绵走到另一个"池塘"再把海绵里的水挤干；但也有的幼儿是把"水塘"里的水吸到海绵中，然后把海绵里的水挤在盛水的大容器中，做过几次之后，再拿着大容器走向另一个"池塘"……当孩子们用各种工具把"池塘水"全部运完后，幼儿和教师主动说了很多很多关于运水的经验。

在以往的活动过程中我们教师总不知道观察幼儿什么，我们说关注幼儿学习过程，但教师在关注幼儿行为过程中总是不自觉的关注幼儿行为的结果。而这个案例一下子就让教师看到了幼儿运水使用工具、变换工具行为背后的孩子思考和主动学习。这个发现是令人惊喜的。我们总说要观察幼儿，这下子"观"有了——看幼儿活动，"察"也有了——真正了解了幼儿行为背后的想法。

这个案例我们教研用过很多次，当我们教师在实际工作中有困惑的时候，我们就重新分析这个案例，理解教师创设环境和投放适宜材料在促幼儿主动学习中所起的重要作用；理解教师在幼儿活动中具体要观察什么内容，从什么角度观察、发现幼儿的学习。

我们幼儿园教师大都比较感性，说大道理不如讲讲或亲自做做这样具体的案例，这样教师就能比较容易的理解把正确教育观念贯彻到教育教学实践中的具体方式了。通过模仿也促教师思考，主动的把这种方法灵活的运用在自己的教学行为中，从而达到教师对正确的教育思想在实践中运用理解得更加深刻。

教育思想和教育行为的融会贯通会促教师的教育素质不断提高。

四、分析一节小学语文教学，把握学生"情感""态度"的方法

分析（小学一年级）学习新课文语文："小雨点"

（课文大概内容： 数不清的雨点从云彩里飘落下来。 半空中，大雨点问小雨点：你要到哪里去？ 小雨点说：我要到有花有草的地方去。大雨点说：我要去没有花没有草的地方。 不久有花有草的地方，花更红了。没有花没有草的地方，长出了花和绿的草。）

第一种教学方法（步骤）：

1. 提问：读小雨点这篇课文，你们想知道什么？（分析：学生回答了很多猜想，但教师并没有接下谈及学生的想法，而转入进行课文教学，这样，刚才学生的猜想还有什么意义呢？）

2. 读课文，分自然段。

3. 纠正发音。学生们以"帮帮他"的形式，互相纠正错误。（分析：应该让幼儿自己在听别人朗诵和自己朗诵中感悟，促学生自我纠错，让学生做自己学习的主人。小学生用"互相纠错"的形式进行学习，教师们觉得长此以往，会有促使孩子眼睛只看别人的错，不看别人优点的毛病。）

4. 读课文后学生说感受。（分析：这个教学设计很好，但应该放在最初的环节。）

5. 给课文相应的文字画表示人物说话语言的符号" "。

6. 写生词。

第二种教学方法（步骤）：

1. 教师读课文、幼儿读课文（自由读，或同伴间互相读）（教师分析：在课堂中教师先读课文，然后学生自己尝试读课文，给学生创造自学的氛围）

2. 谈读课文的体会。（教师分析：这个提问可以使学生可以自由表达自己的思想。）

3. 给课文分段落，画" "。

4. 提问：你读课文的时候，那些文字要小心的读才不能读错？（教师分析：让学生自己说容易读错的音，会促进幼儿自己主动纠错的意识。）

5. 写生词。

6. 你还想知道小雨点的什么故事？（教师分析：教师最后的提问是促学生产生继续学习的愿望。学生可以依据自己的爱好，寻找相关雨的"故事"。）

关注幼儿学习活动过程中的"情感、态度"。在科学活动中幼儿通过亲历感兴趣的活动，促其主动发现表达；但在语言、社会活动中教师如何做？这个案例把教学过程分别展示在教师面前，教师经过对比这二种教学方法，就很容易就看出第一种教学方法的弊端了，也把握了关注幼儿"情感""态度"的教学策略。

在教研活动过程中，管理者不是就事论事，而是给教师思考的空间，从具体案例和思想结合的层面和教师交流，引导教师自然的建立正确的思维方式。并把其中蕴含的教育策略提取出来，使教师能举一反三。

第三节　优化环境创设，钻研师幼互动，夯实教师基本功

一、创设环境

创设适宜幼儿发展成长的精神和物质环境是进行"活动课程"建设的第一道关卡，也是幼儿园教师最基本的应该拥有的教育实践能力。我们把创设物质环境的要求描述为"能和幼儿说话的环境"，在研究"能说话"环境中教师们进行了大量的实践研究，教师们非常注重让环境材料支持幼儿主动游戏，让幼儿在探索游戏材料中学习、思考、获得成就。

（一）创设环境的基本要求

根据支持促幼儿主动学习的特征，我们提出创设游戏区的六项自检指标作为检验环境创设的基本要求：

1. 整个游戏区要有能支持幼儿运用所有的感官主动探究的行为工具和环境

2. 设立游戏前幼儿要有自己游戏计划的活动规则

3. 材料或环境创设能促幼儿运用直接经验发现事物之间的关系

4. 提供能满足幼儿通过操作、转换和组合从而变成新物体的材料

5. 幼儿可以掌握的常见、普通的各种工具和设备

6. "自己事情自己做"的环境规则指引

（二）创设环境的基本方法

依据幼儿年龄特点，创设"能说话"的游戏区环境。"会说话的环境"是教师在创设环境中的最高追求，什么样的环境"能说话"？我们认为："能说话"的游戏环境能引导幼儿在自发的游戏中，通过和环境的互动，能运用已有的认知经验发现和解决在游戏中出现的新问题和不断的产生新想法，并由此促使幼儿不断的有趣的玩下去。简单说"能说话"的游戏区环境可以让幼儿在快乐的游戏中，不断的获得新的认知，产生新想法，并坚持不断的玩下去。

虽然活动区游戏是幼儿自主的游戏活动，幼儿的游戏内容、方式有时我们教师不能事先预测。但是我们知道幼儿是直觉行动思维的心理特点，教师可以创设幼儿喜欢的游戏内容场景和提供相应的材料，这样来引发幼儿有兴趣、有内容的持续游戏。

当然创设幼儿喜欢游戏场景和投放相应的材料首先就是要了解幼儿的年龄特点。教师要做到这点其实很有难度，一方面，需要教师正确的分析幼儿的年龄特点。另一方面，在投放幼儿喜欢适宜操作游戏材料的同时要对材料有基本的价值判断。

1. 小班"游戏化的一日生活"游戏环境创设

小班阶段的幼儿大都处于从家庭转向社会的特殊时期，明显的需

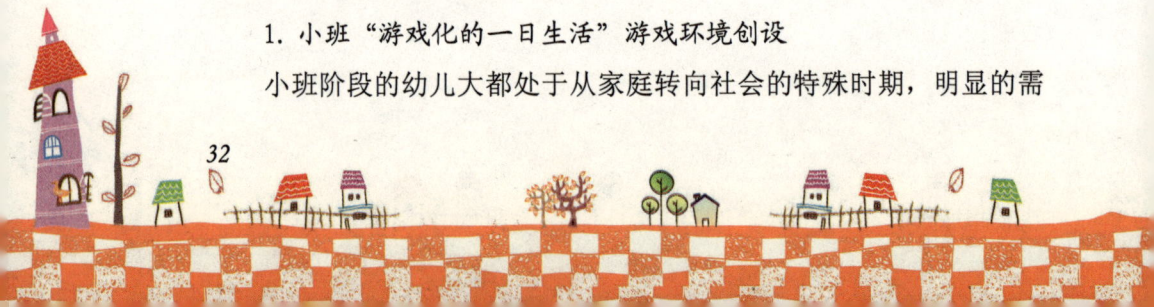

要情感呵护，需要对成人的依恋；特别喜欢模仿；拟人化心理特征明显。活动区材料投放，要为幼儿模仿生活、想像创造提供支持，并可以让幼儿直接操作摆弄。

（1）角色区。小班教室要创设温馨安全的环境，物品应该是幼儿熟悉和常见的，让幼儿有家的安全温暖感觉。小班幼儿喜欢模仿成人日常生活活动，因此小班娃娃家是孩子最喜欢的活动场所，也是教师创设的重点关注的游戏区域。简单举例娃娃家和餐厅游戏来说明：

在"娃娃家"放置娃娃的衣服、衣架、晾衣绳和夹子，幼儿可开展晾晒衣服、收、叠衣服的游戏；在娃娃家桌子上放了电脑键盘和硬纸做的显示器，幼儿一会儿模仿打电脑，一会儿又当钢琴唱歌；娃娃家储物柜里，教师放入了"穿板"游戏的材料，幼儿把它当成缝衣服的工具；自从教师在娃娃家设立书架后，在这里看书的幼儿，要比去图书区看书的还多；门口的鞋架上放上几双小拖鞋，幼儿可以在家里随意穿拖鞋放松；娃娃家门旁有拖把、抹布，儿童可以做清理桌面、地面的游戏。

餐厅游戏。小班幼儿对食物特别感兴趣，也喜欢模仿大人制作食

品的情景，因此我们的"宝宝餐厅"，把一切发展幼儿手精细动作的材料，都变成了制作食品的材料，把单纯的动作练习赋予生动的游戏趣味性，即满足幼儿心理又发展了幼儿动作。用再生纸做"烤串"，可让幼儿做"穿"的游戏；用布做的"饺子"，幼儿在"系扣子"的动作练习中做包饺子的游戏；用泡沫彩纸做的"生日蛋糕"，实际是幼儿通过"夹"的动作，在往蛋糕上面摆花。

（2）积木区。小班幼儿搭积木的特点是围拢搭高。在拟人的游戏情景中，幼儿能有持续的搭建行为和发挥出最好的搭建水平。因此教师在小班积木区常常设立这样的游戏情景"动物园""动物园火车站"、"喜洋洋村庄和灰太狼城堡"，并提供相应人物的形象材料支持幼儿有主题的游戏。

2、中班"目标化的游戏区活动"环境创设。

"中班阶段的幼儿活泼好动，对规则感兴趣；活动主动性和积极性增强，爱玩、会玩。"他们开始有意识的认知周围自然和社会，他渴望成功，渴望从成人和同伴那里获得积极的评价，以不断建立自信和"有力量"的自我。但这时幼儿的注意力还是容易分散、手动作灵敏性较差、认知经验还是相对缺乏。因此游戏环境创设既要有挑战性，又要让幼儿在游戏过程中能比较容易成功，并能通过成功的游戏内容，支持幼儿不断感兴趣的玩下去。也就是说要多投放能满足幼儿通过的亲历操作实现其想法的材料。

（1）科学区：在投放的材料身上设立一定的问题，让幼儿在游戏

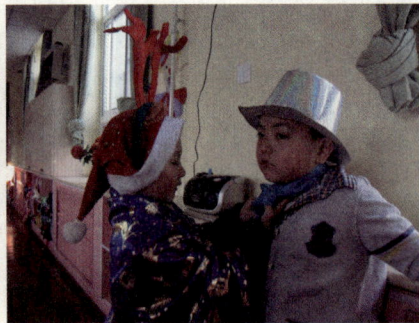

中通过解决问题获得成功。例：教师在科学区设置了玩水和磁铁的材料玩具，如果教师在这里设置了问题：把若干玩具、物品放置水中，不用手直接捞，你怎么才能取到这些东西？让幼儿在解决问题中，寻找最佳策略，然后讲给小朋友们听。还有活动区投放一些小镜子，设立的问题是"镜子可以怎么玩？""你能用镜子看见自己的后脑勺吗？"在问题指引下，幼儿就会通过操作中不断尝试，主动调动自己以往的知识经验来探索各种镜子的玩法，并在最后讲述镜子的玩法中，也能使幼儿语言综合总结水平不断提高。

（2）艺术区：设立有趣的故事内容，或开放性的主题创作内容能激发幼儿艺术创作的兴趣和操作活动。例，幼儿绘画游戏，如果我们只是给幼儿纸、笔，没有主题，幼儿的思维想像恐怕不会很活跃，但如果我们和幼儿一起在进行着一个主题活动，如海底总动员，那幼儿的画面就会呈现出丰富多彩，就会有展现着幼儿不同的思维和表现方式。当然这些主题是要根据幼儿的兴趣、根据幼儿的日常生活学习不断补充扩展新鲜的内容，使幼儿不断在展现对周围世界的感受时丰富幼儿的内心世界、思维和用画笔表达的能力。

（3）拼插区：中班的孩子非常喜欢玩拼插玩具，但是持续时间比较短，大部分时间放在完成简单作品后的游戏和摆弄。老师们经常感叹：中班的孩子拼插水平一般，但是却口若悬河，能滔滔不绝地解释和介绍自己的作品。这时教师一定不要首先否定孩子的作品和想法，而是观察他们的操作和倾听他们的谈话内容。例：孩子喜欢用插管插动物，但是却一直重复插一个简单的动物后就开始无所事事了。教师观察到后在拼插区提供了一些简单的动物图片，还做出了动物园的背景支持，孩子再进入拼插区后，观察到各种不同动物的外貌特征，一下激发了拼插的新愿望，丰富了游戏的内容。也就是说根据幼儿的游戏内容，创设有儿感兴趣的主题情景。

幼儿刚从小班到中班时，他们的动手能力有待发展，但总有思维活跃的幼儿，当他拼插出各种象征性的物体时，教师及时请他把拼插的物体展示在游戏区玩具架上，在回顾的时间请幼儿讲一讲。几天后你就能看出有更多的幼儿拼插出更多、更具有丰富想象的物品来。

3、大班"合作化的共同学习"

大班的幼儿自控能力增强，合作能力增强，认知积极性和能力增强，抽象逻辑思维也开始发展。幼儿喜欢在集体环境中生活、学习，喜欢主动和同伴建立友谊。愿意为集体做事，有一定责任意识、集体荣誉感。幼儿有困难能积极寻找帮助，并乐意帮助别人。有一定的规则意识，和价值判断，但还需要教师正确引导。这是大班幼儿已经知道了一些卫生常识但良好生活卫生习惯养成还需要不断培养，有时因为贪玩，幼儿会忽略好的生活行为。幼儿对大自然，对周围生活环境有天然的探索欲望和兴趣。

（1）美工区：大班美工区的材料大量的提供低结构材料，可以充分支持实现幼儿的各种想法。幼儿在当下感兴趣的主题内容活动中，能充分发挥他们的主动创造想象；教师的支持会让幼儿有更持久的专注，并为此乐此不疲。

（2）图书区：大班图书区，除投放幼儿适宜阅读的图书外，还要追随幼儿的发展需求，投放一些幼儿感兴趣的识字游戏的内容，例："认识小朋友的名字"、"我们认字啦"让幼儿从报纸中剪下认识的字，单独贴在一起，在游戏中大家相互指认、比对。等等。

（3）积木区：开展有主题的搭建活动，让幼儿亲自观察真实的建

筑物，在搭建中不断向"逼真模型"靠拢。在游戏过程中教师通过不断的观察，请幼儿讲述搭建时幼儿的想法，可以促幼儿有不断继续搭建愿望，同时教师适时的用其他表现手法开展同样主题内容的活动，促幼儿从另一个视角思考自己的搭建，从而不断促幼儿主动调整行为，让搭建的模型不断完善。

（4）智力和拼插游戏区：下棋是幼儿很喜欢的游戏，家幼联合是促幼儿热衷这项游戏的好方法；例：家长在教幼儿下象棋，幼儿园游戏区摆上象棋棋盘，孩子们自然会相约到这里比试了。

大班幼儿用拼插玩具插出各样物体的能力比中班幼儿拼插水平会高出很多，当然他们花费的时间也要长，因此教师要给他们提供未完成作品的暂存台，让幼儿自己设定规则——独享这个玩具的天数。

表演区：女孩子们很喜欢的游戏区。教师要为幼儿提供丰富的装扮材料，有高结构的也有底结构的。

（幼儿园出版的《让环境成为幼儿主动学习的向导》中有详细的说明。）

大班幼儿是对"规则"是非常敏感的，他们有平等、公平的意识，因此他们愿意一起共同制定规则，并有约束自己自觉执行规则的意识，他们也会主动制止没有执行规则的同伴。当然在游戏中他们也会有冲突、争执，这时教师不要用大人的权威而要和幼儿一起回顾规则，孩子们马上就明白了，他们会欣然按规则行事。（如果规则没有这样类似行为的条款，教师就和孩子们再一起讨论制定新

规则。）

（三）创设环境还应注意的细节

1. 创设游戏区角要注意区分五大领域的内容。

2. 以幼儿活动内容设置区域划分，不要以工具材料设置游戏区划分。

例：美工区，如果教师按材料划分的思路，就势必会关注材料的齐全。容易忽视思考幼儿在活动区喜欢到这里能干什么。如果幼儿来这里感觉很被动，没有适宜活动内容支持幼儿探索，幼儿就不可能有更广阔的思维和创造。而以内容划分游戏区域，则让教师更关注幼儿最近喜欢做什么，能做什么，也有利于观察了解幼儿。

3. 对幼儿当前感兴趣的，又能极大的促进幼儿主动学习的材料、游戏，特别是又不好收放的材料，教师应该单独开辟一个角落，明显的摆上材料，这样的特别布置会吸引幼儿关注，又能在幼儿尝试的时候不受其他因素干扰。环境暗示幼儿进入活动区马上就能游戏。

一般活动教师应该有这样几个单独的环境布置。下面分别举例介绍：

（1）棋类对弈的环境：棋桌。这个游戏需要较长时间的专注，因此摆放这样的场景，要限制人数，摆两把椅子即可。当然棋类区还要有多种棋类，只不过教师在棋桌上摆的棋是幼儿目前喜欢的游戏棋类。

（2）美工区幼儿对颜料的使用、绘画和环境布置

（1-2 人的空间），不要等到幼儿有要求画水彩画，我们教师再给幼儿准备。要有固定的一个角落。而且应该有环境场景支撑幼儿的绘画，发展丰富的想象内容。

美工区是教室非常重点的区域，它承载的任务也很重，画水彩画只是一种很典型的标志，其它材料如泥工、纸盒、各种笔、剪刀工具、纸张等等，应该在这里全部有序摆放，而且暗示教师支持幼儿用低结构材料创造、表现。如窗台上的机器人，幼儿用纸盒做的怪兽等。（结合幼儿的感兴趣的制作的）

（3）科学实验，开辟一个空间，支持幼儿一进入这里就有想与材料互动的欲望。具体内容结合本班幼儿经验。需要强调这个空间一定要有桌子、笔、纸张，方便孩子有了想法马上记录下来。还可以提供探索工具和相关书籍。

（4）沙箱前不要有遮挡，能让幼儿很容易发现它，可以立即开始幼儿的创意活动。旁边还应放些同伴做的沙画照片吸引幼儿。

（5）图书区，有相对封闭的供幼儿读书的桌子和椅子，同时有笔和纸张，布置的像一个小书房。大班幼儿对文字符号非常感兴趣，因此要提供幼儿自由认读的环境。中班应提供有和图书内容配套的立体纸偶，场景的环境摆放，营造促幼儿看书、讲书的环境。这里可以几个孩子同时进区，但由于读书需要安静，因此要有规则，图书区的规则一定是幼儿讨论大家认可的。

（6）表演区，幼儿的表演教师一定关注，看看幼儿表演中的内容，然后创设主题环境，有服装装扮角落、乐器道具角落，和表演舞台，三部分。

（7）对幼儿美育教育体现在生活环境中，教室里应该有植物装饰教室区域角落，这样更温馨。

（8）教室有促幼儿对自然和周围世界关注的内容。例：天气预报栏，自然角。大班设立新闻角，中班有表现幼儿对自己生活中感受的空间。

二、观察幼儿游戏，提炼有效师幼互动方式

有效师幼互动，首先是在对幼儿客观观察的基础上。大家知道，观察是解读幼儿行为的基本方法。过去我们也强调观察，现在我们还是强调观察，但现在的观察和以前观察思路是完全不同的。过去我们观察幼儿游戏、观察幼儿在与同伴及游戏材料的互动，目的是看幼儿的行为、想法是否向着教师创设的游戏环境所含的目标靠拢；现在教师的观察，是通过孩子们真实的游戏行为、及同伴间的互动，分析幼儿实际发展水平和心理需求。观察目的不同，师幼互动行为也会不同，前者教师会引导幼儿向教师事先提供材料所暗含的目标靠拢，；而后者则根据幼儿当下的发展和想法延伸幼儿的游戏，并通过不断的调整环境材料，调动幼儿原有经验"玩"出自己的想法。也就是说"活动课程"中的教师，在创设环境时对每一个游戏区和每一种材料都是有设计的，但在观察幼儿实际的游戏中教师的头脑中是没有条条框框的，教师在和幼儿一起玩的过程中，观察幼儿是如何玩他们自己的游戏、并了解幼儿真实想法及如何使用材料，然后通过师幼互动，或不断的丰富和调整材料，促幼儿主动在游戏中不断的玩出越来越多的想法和更丰富的游戏内容。

"让幼儿成为有智慧的问题解决者，做生活的小主人。"是活动课程的目标。在幼儿园观摩研讨时，青年教师经常会问骨干教师：你们班这个玩具幼儿是怎么玩得这么有创意？我们班的幼儿怎么玩不出这样的水平？我们说"幼儿具有天然的自然智慧，""幼儿天生爱学习。"那为什么同样的材料，在有的班幼儿能很有智慧，有的班幼儿却显得很"平庸"呢？环境决定人的成长，教师也是环境中的一部分，教师长期的有质量的和幼儿互动，会激发幼儿不断的有创意，越玩越有想法，越玩越能在游戏中呈现出较高的思维水平。也就是说，恰当的师幼互动会提高幼儿游戏质量。

为此我们和教师一起分析日常教师在与幼儿互动中的成功经验，并通过学习美国《高瞻课程》，归纳了一些师幼互动的策略提供给教师：

1. 教师模仿幼儿的动作，引发幼儿主动和教师交流。例：幼儿拼插玩具，教师也拼插，或提议让幼儿教教师怎么拼，从而引发幼儿主动和教师互动。

2. 如果幼儿主动和教师聊天，教师最开头的语言是重复或认可幼儿的话，这样来引发幼儿说更多的话，让幼儿自己主动说出自己想表达的意思。我们过去的做法是先急着表达自己的观点，顺着我们想了解的内容说。可是幼儿和成人的想法、认知层次、对语言的理解都是不一样的，当你还不知道幼儿到底要说什么的时候，最保险的做法是重复幼儿的语言，鼓励他接着说下去。

3. 当幼儿间有冲突或告状的时候，教师不要使用权威去主观评定，而是帮助幼儿先认识自己的情感，然后再请幼儿静下来讲想法，和幼儿一起寻找适宜的解决办法，比如和幼儿一起回顾班级的规则、让幼儿自己判断那样是适宜的行为。

4. 教师在观察幼儿游戏中，发现幼儿行为中有价值的闪光点，教师要及时用语言再现幼儿的动作，比如问幼儿："为什么你要这样做？"让幼儿用语言把自己的动作表达出来，让幼儿通过语言把经验传播给同伴，达到幼儿之间相互学习的效果。

5. 当教师看到幼儿游戏遇上困难要放弃先前的计划时，教师要马上肯定幼儿上一个动作，和幼儿一起寻找解决问题的方法，这时候教师可以给幼儿搭设解决困难的台阶，为幼儿成功游

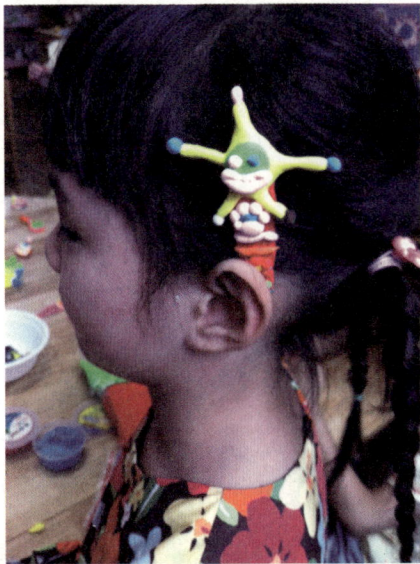

戏提供方案，让幼儿在此基础上选择和尝试成功。孩子的自信是在一次次成功和被肯定中慢慢建立的。

6. 教师对幼儿活动中的期望及要求，应是通过和幼儿的对话讨论让孩子们自己提出来的。例如：回顾环节，幼儿回顾后，旁边的孩子会提出一些问题和看法，比如："搭房子的门没有看到。"这时教师就要顺势说："哦，下次你们要记得搭个门了"。这样孩子容易接受，同时也为下一次活动提出了新的目标。

第四节　教研追随教师回归实践，研究幼儿研究环境

一、"班级环境创设"研讨实录

在以往的教研活动中，多是说教式，没有实物没有参考，大摆理论。后来我们认为研讨"环境创设"和"投放材料"并不适合此种形式。结合教师的需求，我们把教研的场地移到教室中，在"环境中讨环境"，"看着材料说材料"。下面呈现一篇教学主任梁艳撰写的教研活动实例，展示我园是如何通过教研活动帮助教师提升理念认识的。

【研究环境创设的教研活动实例——转变教师投放玩具材料思考角度的现场研讨】

时间：开学初。

又是新的一学期工作的开始，班级教师在忙着为孩子们创设环境，我们延续上学期的思路，"为孩子创设有准备的环境"继续进行环境创设的探索活动。作为幼儿园教学管理，我们每月都要和教师们一起走进班级现场进行环境规模研讨活动。

此活动具有两个目的：第一是各班教师相互学习，打开眼界，第

二是大家在现场很容易发现问题，在情景下研讨教师思考会更活跃，擦出的火花和灵感也会更多，效果也好。

经过几年的教研研究，教师基本上能把握幼儿年龄特点投放玩具材料，创设活动区环境，但在日常对于班级环境创设及孩子游戏行为的关注后，我们发现，对如何和幼儿一起有趣的玩儿，并能留下幼儿活动的痕迹？如何在游戏中为幼儿推开一扇扇窗？丰富幼儿活动内容，开阔幼儿视野？在这些方面，教师都普遍存在着一些困难。

例：大班棋类角的设计。

现状：老师会在墙饰上给出下棋的规则：象棋、跳棋、围棋都是老师给规则，幼儿遵照规则游戏。墙上也大多呈现的是：象走田、马走日、炮打一溜烟。

我的思考：

大班幼儿对于棋类游戏的兴趣、经验是什么？在大班阶段，我们如何张扬幼儿的个性，展现幼儿的经验，而不是教师常规性的用规则去指导幼儿的游戏；对于"棋类游戏"我们要激发幼儿的活动兴趣，应是孩子们在展现他们的经验，提出他们的下棋小妙招，从而激发更多幼儿的活动兴趣。在对弈中体验竞赛的快乐，不断地促幼儿在有挑战的游戏中得到发展。

例：中班角色区的环境创设。

中一班：玩具汽车城

现状：孩子在里面除了玩儿汽车没有别的事情可做，也没有交往的游戏。教师墙饰上呈现的是"没有顾客怎么办？"

中二班：摄影屋

现状：幼儿在这里打扮后，去到表演区表演，摄影的小朋友操作相机，可是不知道要拍些什么，放弃而后加入到表演活动。

中三班：小吃店

现状：幼儿通过服饰，区分出自己的角色，有制作师傅、有服务员，在里面玩儿压模子的游戏，水平类似于小班。

我的思考：三个班级角色区的价值点都没有体现出来，角色区的价值是要让幼儿在角色扮演的游戏，迁移幼儿的社会经验，关注他人，增强角色意识。在游戏中创造幼儿交往的机会，更多的孩子们在交往中体会交往的乐趣和交往的方法。

针对对以上问题的分析，我们教学管理一起针对教师存在的实际问题进行了分析，并依据教师现在存在的问题，进行本次教研活动的设计、准备。目的定为：转变教师的视角，引导教师在本次的现场观摩环境中，关注：如何创设孩子们喜欢的环境、材料，促孩子玩儿好玩儿的游戏。我们在这方面进行尝试和探索。

（一）站在孩子的角度，有目的的观摩教室的环境创设，集中教师讨论的聚焦点。

问题一：请各位教师参观班级环境，如果你是这个班的孩子，你喜欢进入那个游戏区？你喜欢玩什么？

此问题主要指向教师视角的转变，从教师的角度转为孩子的角度，促教师体验作为孩子，初入教室的感觉。通过环境、材料，体验这个班教师的活动主题选择、材料投放是否能引发幼儿有兴趣的游戏、活动。创设有准备的环境，和孩子一起玩儿好玩儿的游戏。带着这样的问题教师们看的时候讨论焦点会更集中。从而使讨论更加的有效。

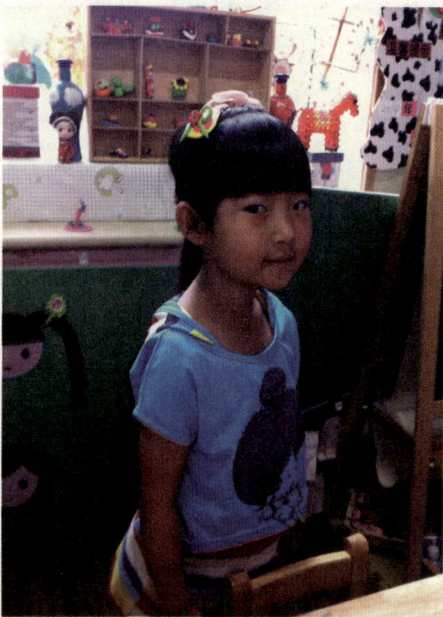

问题提出后，教师们主动分散到了班级的各个区域，开始看环境，摆弄材料。这时，老师们已经不自觉的相互交流了起来，他们在相互的探讨自己的想法和认识。我发现老师

们的状态一下子轻松了很多，他们就像一个个孩子，用好奇的眼光和求知的欲望投入到班级的环境中，他们看看环境，拿出材料来玩一玩儿。有的老师已经在区域开始游戏了。在游戏中，他们自发的互相讨论材料的适宜性，游戏好不好玩儿，并主动与班级老师讨论，材料应该怎样调整，还可以进行哪些活动的扩展。老师们在体验孩子的学习方式，老师们在交流中体验着孩子们的主动学习。

教师们说：

"这个益智区我喜欢，因为玩具好玩，我想怎么摆弄都能实现我的想法。"

"这个美工区我喜欢 因为区里能有许多有趣的的事情可以做，我看了，可以画水彩画、可以玩儿橡皮泥，还可以用这些松塔、树枝、做出艺术品。"

"这个角色区我喜欢，我可以在小吃店做小吃，然后卖给客人，还可以自己把小吃店装饰的很漂亮。"

"这个建筑区我喜欢，我可以用这些积木搭老北京的四合院儿。"

"这个表演区我喜欢，这么多漂亮的衣服，我都想穿上表演了。"

这时，我追问："如果你是孩子，你觉得在这些区域里还能玩儿什么好玩儿的游戏？"这个问题的提出，旨在引导了各位教师各抒己见，相互提出活动内容可以如何更好的丰富、延伸，我们利用教师相互思维的碰撞，帮助本班教师丰富活动内容和形式，能够有意识的帮助幼儿推开一扇扇的窗。从孩子的角度思考，就现有主题还能开展哪些活动。

教师们说：

"益智区的陀螺拼插可以就孩子拼出的陀螺开展投票猜选的评选活动，让孩子不光拼插出能转的陀螺，还可以以'谁转的时间长？'为主题，引导幼儿在比赛中发现，陀螺旋转的关键因素是什么？还有可以让孩子们感受到挑战和竞赛的快乐。"

"美工区的活动可以有一个主题，就是用多种方式去表现这个主题，比如说《幼儿园的春天》孩子们可以用颜料画，画出春天的颜色，

还可以用泥来捏春天的花、动物、小朋友，或者捏幼儿园的活动内容，然后用自然物（松塔、树枝）等低结构材料，做出春天的小鸟，还可以让孩子们在春游时搜集石头，然后在石头上画画。"

"这个小吃店也可以扩展游戏，孩子们已经是中班了，除了用橡皮泥进行小吃的制作以外，还可以用面，真实的做出面点。还可以在小吃店里加入沏果汁的内容，孩子们在体验角色游戏的同时，还认识了科学方面的溶解的知识。"

"老北京的四合院是孩子们日常能够见到的，老师可以在建筑区中投放一些辅材类的东西，比如说假山石，用纸浆做就可以，还可以有影壁、长廊、小石桌、小石椅子。这样让孩子们在运用积木搭建，表现老北京建筑特点的基础上，让孩子们更有成就感。

"表演区除了给孩子投放好看的衣服，还可以有低结构的材料，比如说纱巾，孩子可以在表演区自己随意的进行装扮，然后再进行表演，孩子的活动会更有趣。"

教师们各自为班级的活动区内容丰富贡献着自己的想法，班级本班教师也记录着老师们给提出的建议，并频频点头，大家越说活动内容越丰富，短短的时间内，我们体验着如何给孩子推开一扇扇的窗，班级教师也通过大家的讨论，思考着接下来区域如何进行调整。

（二）教学管理和教师互动的第二个环节

接下来，班级教师会向大家介绍环境创设教师的想法。这个环节我们也进行了调整，过去教师总是介绍她是怎么想的做的 这样就总打不破以教师为中心。现在我们环境创设不说我是怎么做的 而是说孩子是怎么玩的 教师叙述的是孩子玩的过程 呈现的状态

问题二：请班级教师介绍，本班孩子在活动区是怎么玩儿的？我们如何展现孩子们的思考、经验及感受的。

此问题引导教师关注孩子的游戏行为，班级教师在环境创设过程中一定要结合自己本班幼儿的兴趣点、年龄特点和兴趣水平。教师在讲述孩子游戏的过程中，我们可以看到教师日常对于幼儿游戏的关注，

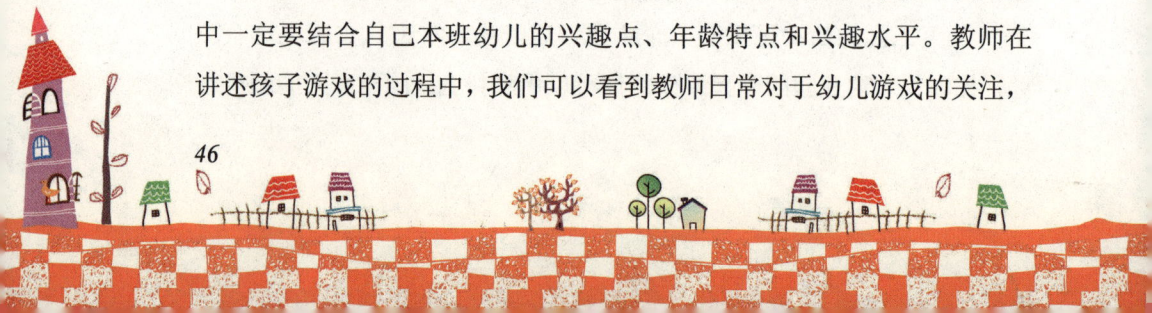

同时，我们观察到了幼儿的行为后，一定要和理论对接，分析幼儿的发展点，并帮助幼儿通过回顾，梳理孩子的思维。同时教师要有意识的把幼儿的思维体现在环境之中。给幼儿的活动过程留下"轨迹"。举个例子，教师说：

"我们大班教师说幼儿玩下棋时候，一开始是有几个小朋友会下棋，然后就吸引了其他小朋友过来看，他们也想尝试，可是自己不会。于是他们就开始向会下棋的小朋友约棋，希望能够让小朋友交，但是这些小朋友是少数的，对棋感兴趣的小朋友越来越多，我们就放了棋的规则。"

老师介绍后，我问老师：

我："孩子表现出的行为所反映出孩子的年龄特点是什么？"

师："大班的孩子喜欢相互学习，喜欢竞赛类的游戏。也喜欢把自己知道的和别人分享。"

我："孩子们喜欢张扬自己的个性、认知。这些规则是会下棋的孩子们制定的吗？"

师："不是，是我们给的规则"

我："那其他孩子看墙面上呈现的规则就会下棋了吗？"

师："没有，他们还是不太明白，所以还是希望会下棋的小朋友教他们，这样能学的更快。"

我："好，那我们的墙饰应该呈现什么呢？"

师："……应该是让会下棋的小棋手来表达自己的经验、想法，介绍下棋的方法和小妙招。"

我："那班中这么多孩子都对棋感兴趣了，我们还可以开展哪些活动呢？"

师："我们可以让孩子回家跟家长学下棋，然后都来介绍自己的好方法。"

我："好的，那我们的环境如何呈现孩子们的思维过程呢？"

师："开展一起来讨论下棋的活动，把他们的方法、思维都呈现在环境中。"

我："那好，我们来定一个适合的，开放性的主题？"

经大家讨论后，这里的主题叫做"七嘴八舌话下棋"。

（三）最后我们进行了总结，帮助教师梳理、总结我们今天的活动

老师们在活动后有很多想法和感受。平老师说："今天的活动方式让我们转变了视角，把自己当成一个孩子，来感受老师准备的环境是不是孩子们喜欢的，当问题提出后，我们投入到各个区域中游戏，真的能够体验到孩

子们的学习方式，这次活动也促使我回去好好审视我们的环境创设的适宜性。"马老师说："我们平时只多的关注孩子的游戏过程，却忽略了帮助孩子梳理孩子的思维，包括记录他们的活动轨迹，呈现他们的思维过程。这是我接下来要去重点关注的。尤其是大班孩子，要注重材料的挑战性，和孩子们张扬个性的表达"。莹莹老师说："游戏区的材料的提供应该是指引孩子的游戏的，让孩子通过看环境、材料就知道能怎样在这游戏，我们要结合大班幼儿的年龄特点，多投放探索性的材料和低结构的材料，促进幼儿有更多的新发现，并帮助梳理和表达。"

同时，我们共同梳理、总结了环境创设要有的几点原则：

1. 孩子是环境的主人，成功地环境创设应该是孩子们喜欢的充满的丰富的活动，和孩子们感兴趣的主题活动内容的。

2. 教师要通过有挑战性的、孩子们喜欢的环境、材料引发幼儿的思维。

3. 教师要通过环境展现出孩子们的思考、经验、感受。

4. 孩子们的生活环境应是丰富的，利用主题活动、环境为幼儿推开一扇扇的窗。利用新闻角、信息角等，引导幼儿关注周围的生活，周围的世界。

我认为，一次教研活动后，老师的感受还要切实的落在日常的工作之中才是最重要的，因此在接下来的工作中，我们会进一步的跟进今天的教研效果，看教师的调整、幼儿的游戏状况，进一步加深教师的认识，形成一种自觉地意识和工作习惯。

二、"回顾环节有效师幼互动"的教研现场实录

（一）本次教研活动背景

幼儿园区角游戏活动，是幼儿自己先做计划，然后再按计划进行游戏，最后大家一起回顾分享游戏结果。在整个的"计划——操作——

回顾"的学习环中，充分展现了让幼儿"成为有智慧的问题解决者、做生活小主人"的课程理念；但就我们教师如何发挥教师的主导作用，有效的支持幼儿的游戏活动？如何在每一个环节中都能促幼儿有效的学习成长？为此我们已经进行了四年的探讨。在基本解决了为幼儿创设有准备的环境，以环境提升幼儿游戏质量后，我们的教研内容指向了"师幼活动"的内容，特别是在游戏结束"回顾"环节中，教师如何在幼儿分享游戏时了解幼儿想法，支持幼儿表达与思考，给幼儿的学习搭上一个台阶？为此我们进行了一次教研活动，题目为"在幼儿的表达中，关注幼儿的学习"，以引发教师对回顾环节的重视和展开实践研究。

（二）目前我们教师存在的困惑和对问题初步的分析

在回顾环节中，教师能尊重幼儿，给孩子提供一个想说敢说的表达空间，但不知道如何适时恰当的引导和帮助；于是有的教师就按着自己期望的目标去引导孩子；还有的教师对幼儿所表达的内容，只是一个认同和表扬。当和教师交流时，教师也知道"回顾环节"是为了促幼儿更有质量的思考、表达，在与同伴的交流中相互学习，信息分享等作用。分析教师之所以在认识和行为上落差较大，反映出：教师对幼儿的年龄特点、原有经验和兴趣需要的把握欠缺；教师在以"促幼儿主动学习"为教育终极目标如何在这个环节更好落实缺少策略和方法。

（三）教研活动实录

【环节一】请教师看中一班的现场——幼儿活动区游戏。

让教师们一起看幼儿游戏区活动，这样在接下的研讨中，大家就有了共同的讨论内容；中一班今天的带班教师是市级骨干齐教师，在与幼儿互动方面很有经验。请全体教师看骨干教师的游戏指导现场，首先给教师搭建了一个高起点的平台。

【环节二】互动游戏《我喜欢的地方》。

为提示教师关注幼儿的表达，每一个人都会用自己的视角和调动

已有的认知经验表达对同一事物的看法。我们设计了互动游戏环节《我喜欢的地方》。

出示了两张老师们熟悉的图片，一张是鼓楼、一张是北海公园，和一张不太熟悉的图片，台湾野柳公园中最著名的女王头。这样做的目的，是让教师明确在熟悉和不熟悉的事物中，每个人关注的视角是不同的。

活动开始前提出问题：观察图片，您知道这是什么地方吗？向我们介绍您知道的内容？

教师1：北海公园，最喜欢的是白塔，在公园里还有九龙壁，登上白塔，北海的全貌尽收眼底。在北海划船，让我想起了《让我们荡起双桨》这首歌……

教师2：北海公园位于北京市中心区景山西侧，在故宫的西北面，与中海、南海一起称三海，是中国古代皇家园林，是中国现存最古老的皇家园林之一。北海的白塔，位于北京北海公园的琼华岛上琼岛的东北坡是著名的"燕京八景"之一的"琼岛春荫"，团城下面还有最好的排水系统，白塔的结构……（这位老师的介绍，引得老师们的赞叹）

教师3：鼓楼位于北京市中轴线上、鼓楼东大街与地安门外大街交会处。与钟楼一起，元、明、清时为北京全城报时中心。"暮鼓晨钟"使全城有序可循。现在是比较有名的特色胡同游的地方，在那

条胡同中，有我喜欢的"姚记炒肝"，我们第六幼儿园、烟袋斜街和南锣鼓巷都是现在的特色胡同游的地方……

教师4：台湾的女王头，两年前去过这个地方，确实对大自然造物神奇而感到惊叹，特别的像，其实还有很多都特别像：狗、兔子什么的……

当时老师在介绍的时候，知道这个地方的老师都能积极踊跃的进行着补充，而且每张图片每个老师感兴趣的地方也是不同。有的老师关注建筑，有的老师关注北京小吃，有的老师关注人文的知识……当大家充分交流之后，让每个老师谈谈自己参与这个互动游戏的体会和感悟，通过分享我们获得这样的共识：每个人对同一内容，关注的视角是不同的。关注和记忆深刻的往往是自己最感兴趣和最喜欢的东西。能引发别人参与和共鸣的是，共同喜欢的事物内容。有的老师的讲述，让我们有对这个风景地方自己去看一看的愿望……借此思路，让教师进行换位思考，当孩子在回顾的时候，他们愿意说的一定是自己经历的非常感兴趣，他自己获得的，最愿意和大家分享的内容，通过这样的分享了解别人的想法，也通过这样的交流，激发我们主动去尝试的

愿望，尊重每个人的表达，是深入了解的基础。

【环节三】从孩子学习特点出发，了解幼儿的游戏行为。

接下来，我们重播了刚才的部分游戏现场。观看前提了个问题：结合孩子的游戏行为和表现，说说孩子的学习特点都有哪些？

教师1：我看到玩电路的孩子非常专注，在很多老师看课的状态下也是非常专注的，说明对材料感兴趣，他们在看说明书，并能按自己的想法进行游戏，也说明中班的孩子对自己感兴趣的活动，专注力在增强。

教师2：我看到孩子在搭鸟巢，他们的角色意识特别强，谁做什么，怎么做，还要请我参加他们的游戏，通过，他们的游戏，我感受到他们希望成人和他们一起游戏，他们的交往能力在发展，而且目的性强。

教师3：在玩陀螺的孩子，他们游戏有一定的挑战性，所以教师提供的材料是适合中班幼儿的，但是在游戏的过程中，他们看到别的小朋友的插的内容，很快就放弃自己原来的，教师及时的引导"我相信你插好后会更棒"，从这点看，孩子坚持性不强，这时候是需要老师的引导，并及时提示他们做的计划，帮助孩子建立计划与游戏之间的联系，并引导幼儿完成次持续下去，中班孩子喜欢具有一定挑战性的游戏。

带班的齐老师，也通过回顾刚才的游戏，重点分析了本班孩子特别是一些个别幼儿的特点，发展现状，及在游戏中的行为所表现出的他们现有的思考和认知水平。让现场的老师们感受到教师要善于在游戏中有意识的了解幼儿的认知特点、兴趣需要和每一个幼儿独特的学习方式，关注幼儿的想法，包括他与同伴的互动。

【环节四】聚焦内容，再次播放刚才中一班教师组织幼儿进行游戏回顾环节的录像。

提出问题：1、在回顾环节中，教师是如何与孩子进行互动的？ 2、教师采用哪些策略和方法，支持幼儿表达他们的想法？

教师们继续谈论着：

教师1：教师利用在电视上播放刚才幼儿游戏的照片，帮助幼儿更好的回顾清晰的表达，同时也是让孩子们相互了解，信息传播的过程。教师利用了推小车、掷骰子的游戏，展开小组回顾，是鼓励胆小或不太爱说话的幼儿在小组中表达。教师利用分组方式，每一个教师都组织一部分幼儿，这样让更多的幼儿都能有机会在集体面前发言。

教师2：教师采用的几种回顾方式，满足了不同孩子的需要。用推小车的游戏方式，引起幼儿游戏，激发幼儿进行表达。其实有的孩子保留了自己的作品也是一种展示，对于不同个性的孩子，回顾的方式是不同的。

教师3：回顾环节我看到的是，教师接纳孩子想法，并顺应幼儿的思考，鼓励他说出更多；同时鼓励孩子们相互交流；教师提问或让幼儿提出问题，激发所有孩子一起参与。

教师4：中班孩子在游戏中会有一定的目的，但需要教师不断的关注和引导，今天我看到教师关注幼儿执行和坚持完成计划，我觉得这就是给幼儿提出的挑战。

做活动的齐老师说：我组织小组回顾，想是可以给孩子多一些的空间，让每一个人都能说出自己的想法。小组回顾之前，我会到玩同样游戏幼儿中鼓励他们聊聊天，也帮助孩子整理他们易忽视的地方，看看孩子的游戏是不是有发展了。例如今天建筑区的孩子改变了计划，那我就要了解改变计划的原因，当然就是改变计划那也要完成新的计划内容。还有，孩子不想分享的时候，教师可以把他做得好的地方告诉他，帮助他建立自信。对于在游戏中做出成果的孩子，我可以用提问的方式，引发孩子的表达。教师对孩子的引导，也是基于在游戏中对幼儿游戏的观察，及时鼓励他们，把自己好的经验，与大家进行分享……。

【环节五】总结提炼环节

教学管理人员根据教师讨论的情况，对教师没有关注到的或需要教师今后要重视的内容进行了重点的补充。

园长发言：在回顾环节中教师要关注幼儿的情感态度，接纳和鼓励、认可孩子的学习过程；区域游戏活动也是教师进行社会性教育的一个重要途径，要引起教师的足够重视。教师要把握中班幼儿的学习特点，对不同的孩子，在材料投放和搭建台阶方面要有适宜的挑战性；教师在游戏中帮助幼儿把计划和操作过程建立起联系，同时要注意教师与每一个幼儿的互动的方式是不同的，这要根据幼儿当时的游戏情形和幼儿自身的特点决定。

根据教师的讨论以及园长的总结，我们结合活动课程中的回顾环节给教师建议的方式，对教师所说的内容进行了总结。

主持人发言：

今天给大家看到了教师和幼儿回顾时运用的一些方法，我们看到了每一个孩子在回顾中所表现的出来的各种特点，孩子们都已自己的方式进行游戏和思考和表达，尽管有的幼儿在集体回顾中表达还是很羞涩，但教师巧妙的和幼儿交流同样给幼儿自信。

其实在教研活动前我们设定了一些要解决的问题，但刚才在大家讨论中就已经有答案了。这里我就不再赘述了。

最后我想说，成功的组织幼儿的回顾活动首先是基于教师密切关注了幼儿的游戏，基于幼儿参与了他们真正感兴趣和对他们具有挑战意味的活动；这样幼儿在回顾时间就会兴致勃勃地谈论他们所做的事情，如果幼儿自己和对自己所做的均感到满意和自豪，他们就会迫不及待地和别人分享；教师通过对幼儿游戏想法和游戏发展过程的把握，就能很好的和幼儿在聊天的过程中顺应幼儿的思考，不断鼓励幼儿创造出更好玩的游戏，发明更多的玩法。其实教师的教育目的不是教会幼儿什么，而是鼓励幼儿在生活游戏中不断的有想法且不断的付诸行动有智慧的解决问题坚持探索实现，做生活的小主人。这种思想是我们要通过游戏传递和幼儿的。这是我们的教育方向和目标。

在跟随教师的实践，支持教师的专业成长中，作为教学管理，只有不断帮助教师梳理和总结在教学实践中的所得所获，才能提高和丰富教师的指导策略与方法，在促进幼儿"成为主动学习者"的过程中做"有准备的教师"，注重每一次的教研活动。

参考书目

1.《幼儿园教育指导纲要》

2.《3-6 岁儿童学习与发展指南》

3.《活动中的幼儿》（美）玛丽·霍曼 伯纳德。班纳特 戴维·P·威卡特 （著）（郝和平，周欣译）人民教育出版社 2000 年印刷

4.《学前教育中的主动学习精要》（美）安·S·爱泼斯坦（著）霍力岩 郭珺 译 教育科学出版社 2012 年 4 月

5.《快乐与发展教材》（教师指导用书） 幼儿园快乐与发展课程编写组 编北京师范大学出版社 2006 年印刷

6.《蒙台梭利早教全书》（意）玛丽亚·蒙台梭利（著）《蒙台梭利早教全书》编委会编译 中国妇女出版社 2011 年 1 月

第三章

"做生活小主人活动课程"
教师观察与支持，
还幼儿主动学习空间

我们的幼儿教育是要让每个幼儿都依从着自己内在的生命发展进程成长，像人的呼吸一样，在自主自由的生活、学习游戏中展现孩子们精彩的童年，并让他们能够从这里自信勇敢的起步，迎接他们未来的生活。同样，教师在和孩子们的互动中，在发现幼儿成长的过程中，教师自己也获得了情感和理性的升华，那就是对幼儿深深的爱与工作赋予自己的责任和付出努力后内心获得的幸福感、神圣感。

作为实施课程理念下工作的老师，大家都有一种习惯，就是用心感受和孩子在一起的快乐，用笔记录和孩子在一起的成长，看教师的文字，感受到一个个鲜活的案例跃然纸上，同样也从中看到教师对孩子耐心的等待与观察，支持着孩子一点一滴的进步与发展。

第一节　追随幼儿兴趣，鼓励幼儿主动探索与发现

儿童的一切教育都必须遵循一个原则，即帮助孩子身心自然的发展。在孩子自然发展的过程中，教师的观察和支持显得尤为重要。在每天和幼儿的接触中，有时候我们放慢脚步，静下心来看幼儿，会发现每名幼儿都像科学家，面对世界有着无限好奇和渴望。在教师每天苦苦寻找到底要教给幼儿什么的时候，幼儿那些探索的心早已飞到远方，这时教师恍然大悟，原来教育正是在自然中自然地展开着。我们要做的是保护好幼儿好奇的心和探索的渴望，静心等待，才能发掘孩子行为背后的价值。只有教师的支持陪伴，才能换来孩子的探索与发现。

食物链的秘密（小班）

▶▶▶

　　孩子们饲养了许多蝌蚪卵，他们产生了分缸养蝌蚪的念头：长满青苔的水培绿萝缸和饲养小鱼的缸，到底放在什么水里养更好呢？孩子们的意见不统一，于是大家讨论决定把蝌蚪分别放在盛有不同水的缸里饲养。两天后，然然跑来对我说："老师，该给小鱼换水了，水可黑了。""小鱼怎么拉这么多这么黑的屎呀？"从这个疑问开始，孩子们意识到小鱼吃掉了蝌蚪，为了证明自己的猜想，孩子们从隔壁班里找来了一只死蝌蚪，重新又放在了小鱼缸里，当孩子们户外活动回来后，那只死了的蝌蚪又不见了，到此为止，孩子们证实了小鱼缸里不适合养蝌蚪。

　　紧接着，孩子们发现吊兰缸里的蝌蚪，有许多都贴在缸壁上，一会儿上一会儿下，游来游去非常热闹。"看呀！这个缸里的小蝌蚪没死。""小蝌蚪和以前有什么不同吗？"我提出了问题。"长大了吧。""对，是长大了，以前特小。""那这个缸和以前比有什么不同吗？"我把问题步步引向深入。"变干净了。"孩子们立刻找到了答案。"它们在吃东西呢。""它们吃鱼缸上和花叶子上的脏东西呀。"孩子们终

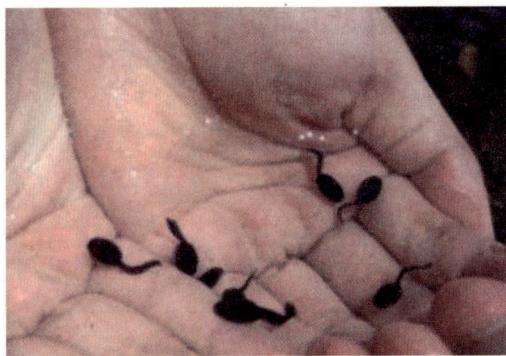

于发现了蝌蚪在缸壁上游上游下的秘密。于是，孩子们利用另外一个长有青苔的缸做了蝌蚪吃青苔的验证。

"老师，这个缸里的蝌蚪怎么不游呀？"最后，孩子们注意到了清水缸，凯凯指着放满清水的第三只缸很纳闷地说。"它们的缸上一点青苔都没有，吃什么呀。"这时，达达大喊了一声："我有办法了，把它们也放到养吊兰的缸里去就行了。"孩子们还一个劲儿地嘱咐我："可别把蝌蚪再放小鱼缸里了。要不又该被小鱼吃了。"孩子们的探究活动，很快验证了自己的猜想，在这个验证的过程中，他们通过想办法，通过观察，通过同伴间的讨论，获取了新经验，有了新的尝试、新的体验，当孩子们发现蝌蚪缸的青苔越来越少时，他们主动把自然角有根的植物放到阳台上，盼它快快长出许多青苔。

一天，当孩子们午饭吃红烧鱼时，他们竟得意地说："鱼吃蝌蚪，我们吃鱼了。"这句话提醒了大家，孩子们你一言，我一语：小猫也吃鱼，蝌蚪吃青苔。于是，墙饰中又多了几幅动物张着大嘴追逐食物的画面。这时欣欣突然说："我在动物园喂兔子时，叔叔对我说别喂了，这只兔子一会儿就要喂老虎吃了，当时，我都哭了，后来，妈妈告诉我，这是食物链，兔子是老虎的食物。老师，我们的小鱼吃蝌蚪也是食物链吧。"就这样，孩子们不但把自然科学中所涉及的食物链清晰的用他们特有的方式展示出来，并且还试着用这种新经验去解释自己生活中的发现。孩子们的表现，让作为教师的我不得不为这种存在于幼小生命中与生俱来的发现自然、认识自然的能力而叹服。"小小蝌蚪"折射出我对幼儿探究的进一步理解。

蚕与 "吊死鬼" （小班）

幼儿园的老槐树枝繁叶茂，我和孩子们常在树下嬉戏。这天户外活动时，孩子们来到院子里，他们刚走到槐树下就被满地 '吊死鬼' 的尸体吸引了，只见他们有的指手画脚议论纷纷；有的蹲在地上仔细观察；还有的竟捡起地上的 '吊死鬼' 爱不释手。"它们都死了。""为什么死呀？""它们都流绿水了。""是踩死的。""不对，是打药死的。对吧？"孩子们把视线投向了我，我肯定的点点头。"为什么打药？""多可怜呀。""真讨厌。"听了孩子们的话，我没有简单地告诉孩子们打药的原因，而是希望大家在观察中自己寻求答案。于是，我问身边的孩子们："你们知道 '吊死鬼' 的家在哪儿吗。""在树上。"孩子们不假思索的回答。"那它们又吃什么呀？""树叶儿。"他们几乎是一起回答。"你怎么知道的？"我试图把问题引向深入。"我奶奶说的。""'七日' 说的。树上有好多 '吊死鬼'，也打药了。""它们都流绿水了。"……显然，孩子们已有一定的生活经验。我接过孩子们的话题："你们说的很对，'吊死鬼' 它吃大树的叶子，破坏环境，是害虫，所以要把它们打死，保护大树。"我刚说完，闫明昊就说："讨厌，"吊死鬼"才不是害虫呢，我才不让它死呢，我要把它带回家，喂它树叶，和我们家的蚕一样，我妈妈说蚕是好虫。"许多孩子也随声附和"我们家也养过蚕，可好玩儿了。"孩子的话惊醒了我，是呀，我们成年人，总是喜

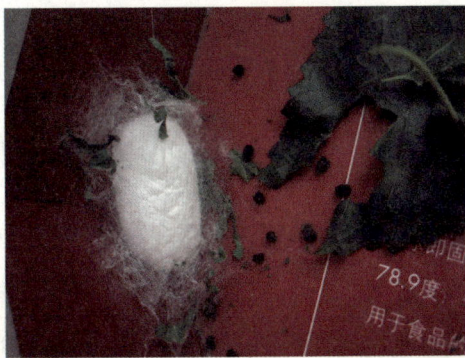

欢养一些长的可爱的、对我们有用的益虫或小动物，而孩子们却并不在乎这些，他们有自己的衡量标准，有自己的想法，那就是爱和喜欢。做为一名幼儿教师，又怎能把自己的想法强加给孩子们呢！蚕吃桑叶是益虫，"吊死鬼"凭什么说是害虫呢？想到这里，我肯定了他们的想法："老师同意你们的想法，不过，今天的'吊死鬼'已经吃药了，有毒了，养不活了。""那怎么办？"孩子们仍然依依不舍，我见他们不肯扔掉奄奄一息的'吊死鬼'，就伸出了小拇指："这样吧，我们拉钩，等过几天，找到活的，老师和你们一起养。"孩子们想了想，终于同意了。"拉钩上吊，一百年不许变……"。

为了满足孩子们的需求，我找来了蚕，和孩子们一起喂养。"老师，蚕可真好玩儿。""它吃桑叶可真快。""蚕怎么把叶子吃的一个拐弯、一个拐弯的……"孩子们边看边不停地问，显然，他们对蚕宝宝充满了极大的兴趣。"齐老师，怎么还没有活的'吊死鬼'呀？咱们再出去找找吧。"于是，孩子们把桑叶盖在蚕的身上，拉着我来到院子里，"院子这么大，树这么多，我们应该在哪儿找呢？"为了让孩子们了解"吊死鬼"的生活习性及发现事物之间的关系，我向他们提出了问题。……很快，孩子们通过给小树叶找家的游戏，认识了 '吊死鬼'爱吃的槐树和蚕宝宝爱吃的桑树，终于，孩子们在墙角的一棵老槐树下发现了一只活着的"吊死鬼"，大家跳着、闹着、看着、叫着，都争着拿一拿、摸一摸。"可别捏死了。"这是孩子们共有的心声，"把它和蚕宝宝放在一起吧。"有人提议。于是，"吊死鬼"在蚕的小盒子里快速地爬着，眼看着就要爬出来了："不行，它会爬跑的。"于是，一阵忙乱后，孩

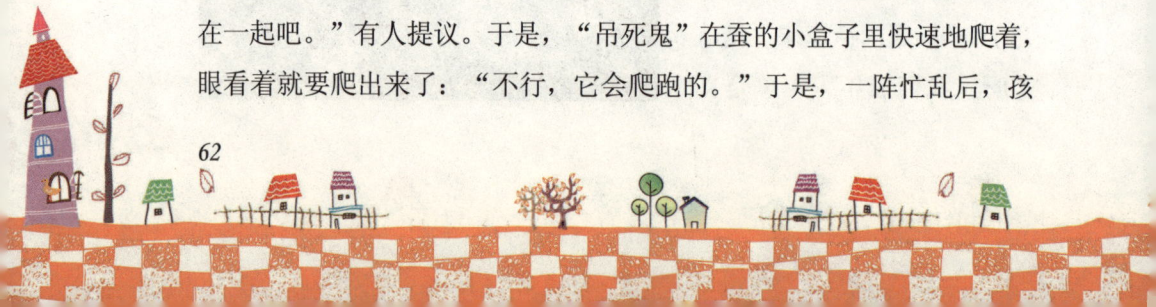

子们又找来了大一些的盒子和瓶子，孩子们在选择容器时，也动了一番脑筋，最后决定用高一些的瓶子，为了不让"吊死鬼"憋死，我们还为它在瓶子上扎了些眼儿。"可别让它饿死。""给它吃什么呀？""吃桑叶。""不，吃槐树叶。"孩子们的意见开始不统一了，大家争执不休，最后决定，把两种叶子都放里面，"吊死鬼"在瓶子里爬来爬去，就是不吃叶子。"它爬的可真快。""蚕宝宝爬的慢。""蚕宝宝老吃叶子，它怎么不吃东西呀。""它一定是害怕我们了。""它为什么怕我们呀？蚕宝宝不怕我们"孩子们发现了它们的不同。

早晨，张济达第一个来到自然角，"它吃叶子了。"他这么一喊，孩子们都过来看，"它吃的是哪个叶子。" "它吃的是槐树叶。"孩子们有些自豪。果然，槐树叶明显地有被"吊死鬼"咬过的痕迹，桑叶却没动。"它死了吧？"不知是谁大喊了一声，"真奇怪。"孩子们有些纳闷："它怎么变短了，身上有好多楞儿？""和昨天不一样了。""没死，它还没吐绿水呢。"显然，孩子们想起了打药那天的情形。"它可能爬累了吧。""对，是休息了……""看看蚕宝宝干吗呢？"为了提高孩子们的对比观察能力，我提出了建议。"蚕宝宝怎么不动了。""怎么不吃桑叶了？""它抬着头干什么呢？""它一定是睡觉了，老师对吗？"我笑着点点头："它们睡觉后就会长大的。""我们睡觉也会长大。"孩子们说着、笑着……

第二天，闫明昊一来园，陈揩就迎了上去说："'吊死鬼'又变了。"果然，"吊死鬼"已经变成了蛹。 闫明昊一听，赶忙跑到自然角，拿起瓶子一看："蚕蛹。"他大叫起来，他这么一叫，招来了不少的孩子，黄欣荷跑来告诉我："老师，他们说蚕蛹。"显然已调动了孩子们的原有经验，"骗人。"有的孩子表示反对，闫明昊有些急了，指着墙上《成长日记》中的相片说："你看，是不是。"果然，相片中，他正举着一只大蚕蛹。"我哥哥和我爸爸吃过这个，可好吃了。"师帅也想了起来"那个有点儿大。"为了让孩子们发现它们的不同我说。"是，咱们的小。"孩子们表示同意。"咱们的应该叫什么蛹呀？"我进一

步引导大家。"'吊死鬼'蛹，'吊死鬼'蛹"。孩子们叫了起来。

一连几天，"吊死鬼"蛹没有什么大的变化，孩子们时常看它，敲一敲，拍一拍，发现它会不时地转一转身子，"它没死，还会动呢。"孩子们边说边转动自己的头。"它不会爬了。""它也不会吃东西了。""它就会摇头了……"。

这时，一直看着蚕宝宝的苗苗说："老师，它们又睡觉了。""它们又该长大了。""它们会变蚕蛹吗？"陈璨然问。我肯定地点点头。"它们怎么还不变呀？""是呀，为什么呀？"我把问题又还给了孩子。"还没长大呢吧？""还没吃饱饭呢吧？"孩子们尽情地畅想。

几天后，游戏时，窗前的自然角围了一群孩子，"老师，蚕宝宝生病了。"不知是谁喊了一声"它吐线了。""它把自己捆上了。"只见，一只蚕在盒子的边上开始做起茧来。"蚕没生病，是吐丝了。它要做茧了。"我兴奋地告诉大家。"它为什么要吐丝呀？""它吐的丝有什么用呀？""它吐的丝可有用了，"为了让孩子们进一步了解蚕对我们的用处，了解大人们的学习方法，我提议："咱们回家问问爸爸妈妈，让他们和我们一起查查蚕丝有什么用处好吗？""我妈妈说，蚕丝可以做衣服。"……

第二天，蚕的家里，多了一个白白的蚕茧，孩子们看看会摇头的"吊死鬼"蛹，又看看有雪白衣服的蚕茧不禁问："它们可真好玩，和'西游记'一样会变。""老师，他们还会变成什么样子吗？"大家充满了好奇。

几天后，孩子们终于发现，"吊死鬼"的家里多了一个瘦瘦的漂亮的蛾子。孩子们把自然角围了起来："它是从哪来的？""可能又是变的吧。""真的，蛹那儿有个洞。是钻出来的吧。"为了能便于验证孩子们的猜想，鼓励他们进一步探究，我说："你们要不要拿出来看看。"孩子们兴奋不已，于是，蛹壳在孩子们手里传来传去，由于壳太脆弱了，很快，蛹壳就碎了。但，大家坚信那只瘦瘦的蛾子，一定是从壳里钻出来的。

"老师，蚕茧里也会钻出蛾子吧？"孩子们的疑问里充满了自信。

很快，蚕茧里终于也钻出了蛾子："它们可真胖。"孩子们在摆弄蚕茧时，一直完好无损："老师，这个还挺结实的，它很暖和吗？我奶奶说，蚕丝可以做棉被。""还可以做漂亮的衣服呢……。"孩子们的热情感动了家长，家长们找来了有关蚕的录像和实物，当孩子们了解到大人们穿的亮亮、滑滑的花衣服和自己盖的又轻又暖和的被子有的竟是用蚕丝做的时，激动地说："蚕可真棒，能给我们做好看的衣服和被子，我们喜欢它。""吊死鬼"光吃树叶，不干活，破坏环境，我们给它打药。"

后来，孩子们发现，蚕宝宝家里，又多了许多的小点点："老师，这是什么？"当得知蚕宝宝就是从小点点变来的时，孩子们不禁赞叹到"太神奇了！"于是，他们边用身体比划边和我一起回顾着蚕和"吊死鬼"变化的一生。我摸摸孩子们的头告诉他们："自然界有许许多多的神奇的事情，只要我们仔细观察，一定会发现它们的。"

评论：

看了这个小案例，教师记录地平实而详细，如小溪流水般缓缓流入阅读者的心中，让我仿佛参与了孩子们观察"吊死鬼"的过程。我很喜欢这样平凡的文字，我更喜欢从文字中流露出来的教师那颗平静沉稳与孩子生活在一起，乐孩子所乐，悲孩子所悲的心。教师的高度和心态是能否将活动课程真正落到实处的关键点。看完这个案例，我有这样几点感悟：

1. 教师的敏锐与觉醒让人感叹。当孩子看到"吊死鬼"的时候，老师解释说"吊死鬼"是害虫，我们要消灭它，一个孩子说"我不要打死它，我要养起来。"老师立刻敏锐地捕捉到了这个信息，她也意识到自己的武断了，因为她知道"吊死鬼"是不是害虫这个道理不是单凭老师说一声孩子们就能够接受的，而是应该让孩子通

过自己的观察得出结论才行。况且，在孩子的世界里，本没有害虫和益虫之分，他们都是一样的生命，都很可爱，老师能够理解孩子这种最朴素的生命哲学，也是很让人感动的，这是走进孩子心灵的第一步。

2. 教师的宽容与开放是支持孩子探索下去的坚定基石。当孩子们在观察"吊死鬼"和蚕宝宝的时候，他们有各种各样的想法，对一个现象有各种各样的理解，当孩子们七嘴八舌地表达时，老师仅仅是个同伴，也分享着自己的想法，完全投入，并没有"高屋建瓴"地去指导孩子，老师的这一姿态也为孩子无限的想象力和缜密的逻辑思维能力的发展开创了空间。

3. 观察的时间之长之久足以彰显那颗"真心"，不急不躁支持幼儿的探索和发现。从老师和孩子们发现了"吊死鬼"开始，这个班级愉快的探索活动就开始了，孩子和老师每天都会围绕这样一个主题进行观察，孩子发现了什么，想到了什么，都会一一表达出来，不同孩子的观点都在不同地存在着，有争吵，但是没有冲突，最终统一到一个共同的观点上，这就是"真理"产生的过程，是孩子收集经验－与自身经验相互作用－产生新经验的最真实的过程。如果，在这个过程中，老师能够为孩子们准备记录的工具和材料，能够协助孩子对自己思考归纳总结的过程记录下来，那就更好了，那这种经验就会沉淀积累下来，成为文字，一定程度上也推动了学界对"儿童是如何学习的？"这一命题的研究。

4. 管理不急，教师不躁，幼儿真思考，诠释学习品质培养过程。在这个案例中，教师有一颗放松的，不急不躁的心态和幼儿园的管理态度是分不开的，正是幼儿园的管理者有一颗"静待花开"的心态，能够正确看待儿童的学习，和老师的支持，而不是急功近利地要求写出总结，写出反思，汇报成果。自然，老师就做了最幸福的事儿－安静的陪伴孩子，追随孩子，与孩子共探索共发现，多么幸福啊。我想这样的教研环境是每个幼儿园老师都不会不喜欢的吧！为这个优秀案例背后的优化管理点个赞吧！

雪地中的小秘密（中班）

▶▶▶

　　下雪天孩子们都在玩雪，饶饶指着雪地上的脚印说："老师，你知道哪个是我的脚印吗？"听他这么一说，周围的孩子们都围了上来。"老师，你猜哪个脚印是我的？""老师，我的脚印是米老鼠的。""我的是小球球的。"这时一个孩子提议："老师，这是我的脚印多好看，我想把它留下来。"站在一旁的大家都在讨论怎么留。"那就只能画下来了。"冉冉说。

　　于是回到班，我和孩子们一起开始了画鞋底图案的活动。不一会儿，孩子们的作品就摆在了我面前。"老师，你看，丁丁他们的脚印怎么乱七八糟的呀？"毛毛指着丁丁不规则图案的鞋印对我说。丁丁气呼呼地说："我的鞋是运动鞋，跑步的时候不会摔倒，跟汽车（轱辘）一样，是有皱纹的。"经他们这么一吵，很多孩子都关注起脚底图案

的作用来了："老师，这个是防滑的，我妈妈告诉我的。跟幼儿园的地一样。""我们家的地也有花纹，一点儿都不滑。"有人随声附和。"刚才家家还摔跤了呢。"笛笛说。"今天下雪时，我就没摔跤呀。"家家不服气地反驳说。"花纹就是管不摔跟头的。""就是好看的。"孩子们又争了起来。于是，我来到孩子们中间："我们大家都喜欢漂亮的东西，鞋子做的好看，自然大家都愿意来买。"说到这里，我停顿了一下，看了看大家，像是问孩子又像是自言自语地说："要想知道你们说的鞋底的花纹、车轮上的花纹还有幼儿园院子里地上的这种凹凸不平的花纹是不是有防滑的作用，怎么样做才能知道呢？""试一试。"孩子们不假思索地说。"怎么试呀？""把一个有花纹的鞋和一个没花纹的鞋一起放到滑梯上，看谁更滑。"帅帅抢先说。"在一个山坡上试。"一帆附和着说。"用纸剪下花纹粘一摞，再把没花纹的粘成一摞，放在滑梯上，看谁先滑下来。""老师，我知道。"灿灿边用脚蹭着地边大声地说："用脚这样磨一磨有花纹的地和没有花纹的地，像玻璃一样就是滑，不好磨就是不滑。""用脚在不同的地上蹭一蹭，去体验一下感觉对吗？"我梳理着孩子们的原有经验。

灿灿使劲点点头。这时，孩子们已经迫不及待了。大家来到院子里，孩子们东蹭蹭西磨磨，不时地发出一声声兴奋的感叹，把自己的新发现传递给我："老师，有疙瘩的地有点儿不滑。""老师，盲道最不滑了。""花砖地也不滑。""老师，真的，有花纹的地都不滑了"……孩子们自然地把鞋底的花纹，迁移到了地面上。"那哪儿最滑呀？"我对孩子们提出新的挑战。孩子们首选滑梯、国旗底座。最后来到多功能厅门前的台阶上，这个台阶是几年前修建的，采用的是铀面砖，非常地滑。孩子们如获至宝，冲了上去，蹭着、磨着，还大声地呼唤着我。这时，家家一不小心险些摔倒，孩子们急忙扶住他："没事吧？"接着，他们又转向我："老师，这儿太滑了，你可别摔着。""老师，这儿要是有花纹就好了。"……

◆**点评**

《雪地中的小秘密》向我们展示了幼儿由雪地中的脚印而引发的一个又一个有趣的发现与探究，它让我们强烈的感受到：在幼儿感兴趣的事物上所蕴含着教育所要追求的教育价值，以及教师的尊重与倾听、接纳与支持会使教育如此生动、有意义。它向我们表明：幼儿的

兴趣与需要是教育的重要来源与资源。同时齐老师的行为给了我们如下的启示：

1. 教师注重捕捉幼儿偶然发现中的发展价值

当孩子们在雪地中玩偶然发现各自印在雪地中的小脚印这样清晰美丽，并发现每个小朋友的小脚印都有所不同的时候，孩子们产生了要保留自己脚印的需要。齐老师欣然接纳和支持了孩子的想法，由此生成了画鞋底图案的表征活动和引发了什么鞋底更防滑的探索活动。在满足幼儿兴趣的同时实现以下的发展价值。

引导幼儿主动的欣赏和发现鞋底图案的不同。

让幼儿用绘画的方式表征和记录鞋底图案，在感受记录意义的同时，能对图案的同异进行细致的观察。

在幼儿观察发现的基础上，能将鞋底图案与车轮印迹建立联系，并运用已有的生活经验，理解和交流鞋底图案的防滑作用。

在交流分享中引发了幼儿对鞋底图案防滑的猜想与探究的愿望。

2. 教师注重捕捉幼儿感兴趣的问题，让幼儿在与环境的相互作用中主动的寻求答案

当孩子们对于什么样的鞋底图案防滑产生疑问时，齐老师并没有用直接告诉的方式让幼儿获得标准答案，而通过提问引导幼儿利用现有资源，在真实的环境中去印证自己的猜想，主动的去寻求答案。在雪地中孩子有目的去印证什么样的鞋底更防滑。同时对于如何防滑他们有了更多的发现，如：有的小朋友发现盲道防滑，有疙瘩的地方，有花砖地方不滑。而哪些地方会更滑……

总之，齐老师珍视大自然的馈赠，让幼儿在雪地小秘密中有了大发现，齐老师的倾听与支持，为幼儿提供了自由探索与发现的空间，并在探索与发现中建立事物之间联系，提升幼儿的探究意识和自我保护意识。

（沈心燕点评）

电线宝宝的塑料外衣（大班）

▶▶▶

科学区的小灯泡与电池（电已不很充足）、一小节电线已投放很久了，但光顾的孩子却寥寥无几，早饭结束时，我走进科学区，想看看孩子们最近喜欢玩什么？这时配班老师的声音吓了我一跳："你们想做什么！"我顺声音望去，只见蕊蕊他们几个人正手里拿着录音机的插头登上小椅子，眼看就要够到插座了，配班老师一下拿过插头："多危险呀！电着怎么办！"话语里充满生气与担心。我赶紧走过去，把孩子们叫到身边："想知道为什么小朋友不能插，老师就可以插插头吗？"孩子们："因为老师是大人。""因为老师会插。""因为老师够的着。"……孩子们小声嘀咕，等他们安静了，我继续说："电对于大人来说同样也是十分危险的。"我着重突出了危险两个字。孩子们瞪大了双眼，集中了全部的注意力。"老师掌握了安全用电的方法，电才会是安全的。想知道这里面的秘密吗？""什么秘密？""什么秘密？"不知什么时候，已围过来不少的孩子。我看看孩子们继续说"要想知道怎样做才不会被电到，秘密都在这里面。"我用手指指小电池筐。"在这里面？"孩子们有些不明白。"对。"我肯定地说。"电池的电压小是安全的，不会电到我们，但是，电线、插座里的电可不同。老师知道，你们一定能从电池、小灯泡这里发现怎样才是安全用电、怎样插插头才不会被电到的秘密。""我们知道了这个秘密就可以自己开录音机了吗？""是。"我笑着摸摸孩子们的头，又严肃地说：

"不过，你们还太小，插座又很高，插电前，一定要告诉身边的大人们，有大人的保护会更安全，记住了吗？"孩子们使劲地点点头。

从那天起，冷落了许久的玩具，一下子成了大家关注的焦点："我们得先让小灯泡亮起来。"显然，孩子们心中已经有了目标。"老师，快看，我的灯泡亮起来了。"一天，饶饶激动地告诉我，的确，一节电池使小灯泡发出了微弱的光："你知道是怎么亮的吗？"他看看我饶有兴趣地继续说："我看见这儿有个铁丝弯的圈儿，就知道一定是放小灯泡的，电是从电池下面上来的，从这个小鼓包出来的，所以，我把线这头儿压到了下面，灯放上面就亮了。"说完，他长长地舒了口气，抑制不住内心的激动。"真能亮呀！"周围的孩子鼓起了掌："真棒！""别的电池能亮吗？""两节电池行吗？""三节呢？"有人提出了新的更多的目标。"我来试试。""我也想试。"于是，他们自愿结成小组，扶的扶，试的试。"老师，亮一点了，比刚才亮一点了。"孩子们简直兴奋极了。"再试试三节的吧。"孩子们在好奇心的驱使下不断地尝试着，激动着："喔噻，太亮了，都晃眼睛了。"一旁观看的麟麟发出了惊叹。"太好玩了，明天我也要进科学区。我也会有新发现。"大班的孩子总是富有挑战性。"老师，画下来吧。"

我欣慰地点点头，孩子们已经掌握了科学区的游戏方式。不一会儿，饶饶便双手捧着他的记录单跑了过来："这是一节电池的，有一点儿亮吧。这是两节电池的，亮一点儿吧。这是三节电池的，更亮了吧。你知道为什么吗？"一口气说完，他睁大眼睛看着我，充满了自信。自然，我要接住孩子们抛过来的球并抛还给孩子们："为什么呢？"语气里充满好奇。"因为一节电池

能量小，好多电池的能量集在一起能量就特别大，灯泡就特别亮。"孩子的回答令我兴奋，他们居然选择了"能量"一词。

第二天，麟麟、小豪跑进了科学区，当他们反复尝试一节电池、三节电池，观察灯泡亮的程度后，麟麟拿起了一节电池："我想试试别的。"显然，他已不满足让小灯泡亮起来及变得更亮，而是开始研究更感兴趣的新问题，他边说边把这节电池躺着放到了另一节电池之上，对小豪说："把线接上，看看这样灯泡还会亮吗？"孩子的举动，说明他们的思维水平已向前发展，他们开始试图把事物的前后建立起联系，试图发现电的"行走"路线。"能吗？可能行吧。"小豪边接边自问自答，当看到灯泡并没有亮时，他及时改口："不会不会。""为什么呢？"我想引起孩子们的进一步思考。"躺着就不会亮。"小豪不加思索地说。"我觉得，电池下面与上面的头儿必须挨着才会亮。"麟麟若有所思。"那为什么呢？"我穷追不舍。"因为电是从头儿这儿出来的吧，然后再进到下一节电池里再传给灯泡，灯就亮了。""对，所以它们得挨着，躺着，下面就挨不着了。"小豪吐了吐舌头补充说。"如果中间夹了别的东西，他们也不挨着了，灯泡是不是就不亮了？"我进一步引导。"不亮，不信你看。"孩子们总是那样自信地展示。小豪边说边顺手从身边的砝码盒儿中取出一个最大的砝码放在了两节电池上，麟麟在一旁协助，然后放上小灯泡，灯泡一下子亮了。两个孩子先是愣了一下，然后大叫起来："也能亮呀！太神奇了。"在一旁的军军见状急忙又递上一个砝码："试试两个可以亮吗？"同样，灯泡又亮了。当军军递上第三个时，两个孩子说："不用试了，一定能亮。""是不是砝码有电了。"显然小豪调动了有关磁铁的经验，提出了新的问题，有了以上经验的孩子们不再急于回答："试试，我们试试不用电池的吧！"于是孩子们拿砝码的拿砝码，拿电线的拿电线，相互协助鼓励着尝试着："不亮，老师，砝码没有电。""可灯泡为什么也会亮呢？"孩子们自言自语。"我知道，是因为电池把电传给了砝码，砝码又把电传给了小灯泡，灯才亮的。"小豪认真地说："对吧？"他转身征求同伴的意见。"对，电是通过砝

码的。"麟麟肯定地说，紧接着，他转身对周围的其他孩子说："看，我们的新发现，看，我们接上砝码小灯泡也会亮。"从孩子们得意的表情上，从他们高高举起的手臂上，从他们升高的语调上，我清晰地看到两个字"自信"。从此之后，孩子们的新发现就接连不断："老师，你猜，剪刀能传电吗？"孩子们已习惯用传电这个词。"能。"我毫不犹豫。"不对。"孩子们一脸诡笑。"那是不能了。"我有些迟疑，"不对。"孩子们的回答把我带进区里："你试试，剪刀铁的地方可以，把儿是塑料的就不可以。"显然，孩子们找到了问题的关键。"你们的发现真是太令人兴奋了真是太聪明了。"我喜形于色。"老师，快看，我们又有新发现了。"只见蕊蕊她们举着一张纸跑了过来："看，这些东西都可以传电，这些都不能。"只见这张 A3 的大纸上，整整齐齐地画了不少的东西："这些都是我们从每个区找来试过的。多吧？我们再去找找。"说完，她拉起迪迪跑开了。

"齐老师，齐老师。"我的衣角被轻轻拉了拉，一向性格内向的帅帅站在我面前，手里捧着一节电池和小灯泡，身后还跟着达达："我们发现一个秘密。""什么？""你看。"两个孩子相互配合，小灯泡亮了。"亮了吧。""对呀。"我期待着孩子们的下一个行动，"有什么不对吗？""你看。"帅帅把小灯泡从小鼓包上移了下来，停在了电池的上面。"你看，放在这儿也亮，不是只放在小包上才能亮。"果然，灯泡又亮了。"太神奇了。"周围的孩子们欢呼起来："不对吧，我看看，昨天我试就不行。"一旁的牛牛皱着眉头说。同伴间有了相互的质疑，见有不同意见，帅帅小声嘀咕："就是，不信你试。"此时，牛牛已接过了电池，把灯泡放到小鼓包的周围，一试果然亮了："不对，昨天真的没亮。"他边说，边手里把玩儿着电池，忽然，他大叫："不对，我昨天用的不是这个电池。"说完，他飞快地跑进科学区，大家也跟了进去。"你们看，不行吧。"果然，当牛牛换了另外一节电池再次尝试时，灯泡没有亮。帅帅说："是不是没有电了。""对呀。"周围的孩子表示同意。"你们看有没有电。"牛牛又把电池放到了小鼓包上，小灯泡

一下子又亮了。孩子们你看看我，我看看你，出现了片刻的安静。"两节电池怎么不一样呀？""是呀，真奇怪。"孩子们，边说边摆弄着这两节电池。突然，牛牛大叫："我知道了，这个有两个红圈，这个只有一个大红圈！"听他这么一喊，其他孩子也注意到了："真的。""这个也有两个。""再试试这些吧。""对，咱们先试试这个。""再试试这个。"不一会儿功夫，孩子们已经把几节电池分成了两组：

"发现什么秘密了？"我见孩子们做的差不多了，饶有兴趣的询问。"这几个上面哪儿都亮，这几个只有小鼓包亮。""我发现，这几个是有两个圈儿的，这几个都是一个圈。""我觉得是红线外面就不亮，这一个圈儿的，红线外面也不亮。""对，红圈儿外面都不亮。"……其他孩子们响应着。"为什么呀？"我感到时机已到，试着把活动引向深入。"嗯……。"孩子们相互看看笑了："因为红圈儿是塑料的吧。我们试了，塑料的东西都不传电。"经亮亮这么一提醒，许多取得了此新经验的孩子都随声附和："对，塑料的不传电。""有塑料的包着，电就跑不出来了。""你看这电线就是有塑料包着吧。"冬冬举起了线，自信地说。"电线！"蕊蕊瞪大了眼睛。"老师，我知道秘密了。"蕊蕊兴奋地拉着冬冬手里的线。"我也知道了。"孩子们一阵欢呼。"塑料的不传电。""对，咱们插电时，拿着塑料的就行。""对，千万别摸铁的。""铁的传电。""对，修电的叔叔可真聪明，通电的地方就用铁的，怕电到我们的地方就用塑料的。""看，咱们班墙上的线，都穿着塑料衣服。""是，真的很聪明。"……

　　"你们也很聪明啊。"我边说，边递给孩子们一盒较之以前更复杂的电路玩具："祝你们成功。"孩子们一阵欢呼……

"扎"人的滑梯和好玩儿的磁铁（大班）

▶▶▶

　　"老师,刚才扎了我一下!"天线宝宝从圆筒里滑了出来拉着我说。"就是滑梯那里面,扎了我好几次了。"她指着大圆筒认真地说。我把问题抛还给孩子,反问宝宝:"滑梯里面又没有针怎么会扎你呢?""我也不知道,我觉得滑梯扎了我一下……。"这时,语嘉正好从滑梯里钻了出来,大声说:"老师,有电!我胳膊疼了一下。""老师,你看小妞。"嘉嘉大喊了一声。我们抬头望去,刚好看到"怒发冲冠"的黄新荷,她那一头可爱的短发,此时已根根竖了起来,贴在了大筒的顶上。黄新荷边用手呼噜头发,边告诉大家:"我被吸到了,刚才我觉得我的头发都飘了起来,贴在了上边。""对,我的头发也被吸上了,都支起来了,滑梯里一定有磁铁。"灿灿认真地说。"对,就是有磁铁,我都看到了。"乐乐指着滑梯间金属的连接部位说。"就是这儿有磁铁!""不是磁铁,是电,妈妈送我上幼儿园时,我从妈妈车上下来一关车门,就电了一下。""我也被电过,还有'啪啪'的声音呢。"这时很多孩子都围了上来。孩子们各自发表着自己对'吸'这个词的理解与看法。当时我并没有过多解释什么,而是回到班里,悄悄地在科学区投放了各式各样的磁铁。

　　第二天活动区游戏时,孩子们拿着磁铁相互嬉戏着,不时地向我报告着他们的新发现。只听到林林说:"门把手是金属的。不是铁的,我爸告诉我的,

磁铁吸的才是铁的。""对，磁铁是吸铁的。"孩子们随声附和。我走到孩子们中间："还记得昨天大滑梯吸头发的事儿吗？"我试图用语言组织幼儿的有意注意的方向，使他们有意地去注意磁铁的性质。我这么一提醒，孩子们更热闹了："对，我们看看磁铁到底能不能吸头发。"于是，有的孩子跑到镜子前看看自己的头发是否被吸了起来；有的找到自己的好朋友相互看着磁铁能不能把对方头发吸起来，还有的孩子站在那里全神贯注地感受着自己的头发在磁铁的吸引下是否竖了起来，自然，答案只有一个——吸不起来。这时，孩子们大声说："还是我对吧，就是静电！"持反对意见的孩子们则不约而同地围到我身边："老师，磁铁只能吸暖气、铁钉子什么的，不能吸头发呀，那大滑梯里吸头发的东西是什么呢？是静电吗？"无论是从孩子们的表情上还是从他们的语气上，我都强烈地感受到了孩子们的求知欲望。"对呀，是什么把咱们的头发吸起来的呀？如果是静电，那怎么会有静电呢？我摸滑梯时怎么没觉出来呢。"为了让孩子们学会思考，知其然更知其所以然，我赶忙把孩子们的问题引向深入。 "老师，你滑一次，一滑就有静电了。"孩子们拉住我的手说，"一摩就起静电了。"于是我反问大家："什么和什么摩呀？""滑梯和屁股摩。"孩子们又一阵欢笑。"滑梯和头发摩。""滑梯和棉背心被心摩。""既然静电就是摩出来的，那我们试试吧。"于是，大家找来了许多自己认为可以摩出静电的东西，有：拼插玩具、水彩笔、梳子、棋子、地垫、冰红茶瓶子、铅笔盒、塑料袋等，

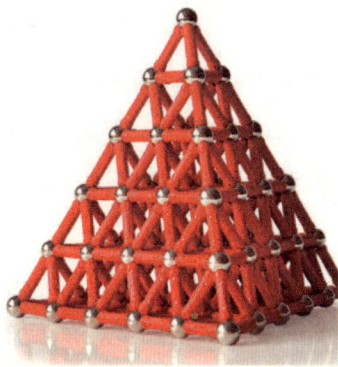

不停地在我的、在他们自己的身上、羽绒服上、毛衣上、头发上摩擦着，不时地发出兴奋的尖叫声："老师，是静电吧"。"老师，电到你了吧。""我的怎么不行？你用什么摩的？……"

也许，孩子们并不懂什么是摩擦力，但，他们在亲身体验中，却深深地感受到了它的存在与价值。

◆ **点评**

"静电"这个现象其实是孩子们生活中常见的，尤其是在干燥的北方，到了大班的孩子也会对此产生好奇，乐于探索，基于这样的一些条件，这个案例就自然产生了，因为是孩子们熟悉的，自然也会是好玩的。看了这个案例，我有这样几点感受：

教师能够抓住幼儿的发现，及时关注予以支持，难能可贵。户外滑滑梯时，孩子们发现了"头发会竖起来""被电到了"这样的现象，很好奇，很惊讶"这到底是什么？""这是怎么吸的呢？"老师知道孩子们遇到问题了，似乎有点走弯路了，教师敏锐的捕捉到了这一现象，很好，并且老师暗下决心要顺着孩子们的这一发现，支持他们继续探索，于是老师提供了新的材料－磁铁；

通过探索新材料，孩子们自己明确了现象的本质。通过对新材料"磁铁"的探索，孩子们明确了"吸"头发的东西不是磁铁，"那是什么呢？"老师不动声色地提问，引导孩子们一步步拨开迷雾，回归到现象的本质－是静电；

"趁胜追击"借力于孩子们的发现，效果兴许更好。有的孩子知道"静电"这个概念，有的孩子可能还是不明确，老师发现孩子们抓住

了现象的本质，也希望能够让孩子们深入认识"静电"的一些特点，这时候，我认为应该再增加材料了，比如关于"静电"的科学小实验有很多可以拿来参考，孩子们通过自己的"摩擦"发现了静电产生的条件，但是还没有细致体会出什么样的条件产生什么样的静电，这对大班的孩子来说，再丰富一点的材料，再长一点时间的探索，是有必要的，我相信，老师如果继续提供材料，让孩子们探索下去，并提供一定的记录工具的话，孩子们对这个科学现象的探索会更精彩，获得的经验也会更丰富。

（王宝华点评）

第二节　创设有准备的环境，支持幼儿玩好玩的游戏

环境决定人的发展；游戏是幼儿认识世界的重要途径；玩具是幼儿的教科书。然而，幼儿是如何在游戏中认识世界，获得认知经验的？教师又该如何通过材料投放和有目的师幼互动，支持引导帮助幼儿在游戏中获得有效地学习和发展？近几年来我园教师一直在关注和研究这个问题。

教师们首先注重为幼儿创设适宜的游戏环境，为幼儿开展好玩的游戏提供丰富的幼儿能理解的内容；在游戏中，教师会从幼儿喜欢玩的一个个小玩具和小游戏开始，深入到他们中间，做他们的玩伴，发现他们的情感与智慧，发现他们的兴趣和需要，发现他们的探索与学习；同时教师根据幼儿游戏情况和兴趣点不断的调整环境、丰富材料、扩展游戏内容，让游戏变得更好玩，逐渐开阔幼儿眼界，打开幼儿思维；让幼儿在自主的游戏中主动发现问题、解决问题，收获新经验；在主动愉悦的游戏中建立自信、敢于挑战、不怕困难等良好的学习品质；在与同伴游戏中获得友谊，体验集体生活的快乐。

娃娃想吃奥利奥（小班）

▶▶▶

　　一天牦牛在娃娃家玩，他对宝宝说："娃娃饿了，我去给娃娃做饭吃吧。"宝宝马上说道："好吧！那我给娃娃穿衣服，你给娃娃做好吃的去吧！"牦牛找出来很多盘子和碗之类的东西，宝宝抱着娃娃出来了说道："饭做好了么？娃娃要吃饭了！""好了好了可以吃了"宝宝说道："你做的饭不好吃，娃娃要吃奥利奥。"

　　接下来的几天我发现孩子每天的游戏情形都差不多，幼儿对活动逐渐不那么兴奋了。于是我在游戏中与小朋友聊天"你觉得娃娃最爱吃什么呢？""娃娃爱吃好多鱼、爱吃蘑菇力、爱吃奥利奥"等等。于是根据孩子们的想法，我们调整了整个小餐厅的材料，这次收起了所有的假蔬菜，投放了各色的橡皮泥、刀、勺子、杯子、盘子、碗，粘贴了饼干及他们说的这些食物的图片作为支持，想让孩子们自己来

制作喜欢的食物饼干、蘑菇力、好多鱼之类的。都放好了我就开始观察幼儿的活动了。

　　这次孩子们可真的来了兴趣，乐乐拿出橡皮泥又搓又揉："我要做好吃的饼干"。航航拿出了黑色的橡皮泥揉成了一个小饼的形状，一旁的豆豆拿出来盘子、杯子和碗摆满了桌子。但当牦牛端着一盘切碎的橡皮泥准备喂给娃娃的时候，宝宝用手推开了"娃娃不吃破菜，娃娃要吃奥利奥"。

　　于是我又一次，从新调整了活动区，贴了很多孩子们想要做的食物图片，从新调整了工具，减少了盘子和碗的数量，添加了操作橡皮泥使用的工具，替换了一些材料，投放的所有材料直指制作饼干所需要的。

　　这次孩子们来到小餐厅后，看到了很多的饼干图片深深的被吸引住了，一会儿的功夫就看孩子们手里一人一块橡皮泥搓了起来，做好了自己的奥利奥高兴的快要跳起来了，天天如获珍宝一般的捧在手里兴奋的给我们一起看，放在了盘子里。

　　活动区结束之后分享活动时，天天第一个举起手来要和我们一起分享自己在活动区的成果，"大家好我今天在小餐厅做了饼干，是奥利奥味道的"说着拿来就给大家看，孩子们看他兴奋的在分享，其余的几位小朋友也来了"我叫可儿，我今天也做了小饼干，我的是乐之味道的，我做出小饼后，在上边扎了几个小洞就好了"孩子们自信满满的分享了自己的作品。

羊羊灰灰的家（小班）

▶▶▶

　　建筑区一直是孩子们最喜欢的地方，小班初期，我们为孩子们设立了"为羊羊和灰灰搭房子的主题"。这天文文来找我做计划："妍妍老师，我今天想去建筑区给喜羊羊搭房子""想搭个什么样子的呢？"我试探的问"用小栅栏围个圈，让喜羊羊住进去"。我给予了肯定，并让她去做她想做的工作。然而，不一会，她就把我叫到建筑区说，"妍妍老师，我搭好了"她用栅栏型的积木围了三个圈，分别放上了三只羊羊。为了引导她有搭高的练习，我对她说："这个房子也太矮了，我真担心灰太狼一下就跳进去吃掉羊羊，这样太危险了"文文看着自己搭的房子说："我有办法"。于是，她又拿起了同样大小的栅栏积木，放在原先搭好的积木上，这样，羊羊的房子就变高了，在搭建的过程中，因为积木的侧面过窄，两个积木叠在一起过高等原因，文文的"高墙"总是出现倒塌的现象，看到这个现象，我先是给予了时间让文文自己解决，后来发现失败的次数变多后，文文的兴趣有点低了，于是我知道该是我"上场"的时候了，我走过去，用惊讶的声音对文文说："呦，围墙变的真高呀，为什么让它变高了？"文文看看我说："围墙高了，灰太狼就进不来了，它怎么跳都跳不进来"我又指着刚刚倒塌的地方问："这的围墙怎么回事呀？""塌了，老是倒，我也不知道怎么回事……"我对她说："别急，我们一起想办法"

　　活动区结束后，我们在回顾的时候讨论了这个话题，大家都觉得文文的高墙特别安全，可是为什么总是倒呢？孩子们在参观完文文的建筑后争先恐后的说："墙太高了吧""积木放的太多了""小朋友总是不小心碰到"　这时我觉得应该到让孩子们动手体验下的时候了，孩子们只看不操作怎么会讨论出结果呢……刚好催腾进大声说："我想试一

试"于是，我就把问题留给了孩子们，让他们去试一试，怎么才能搭出又坚固又高的围墙。连续几天，孩子们在建筑区尝试着自己的想法，并且经常和我交流他们的想法，而对于孩子们的想法，我总是给予肯定，并和他们一起完成搭建，帮孩子们记录下他们搭建成功的"图纸"，孩子们在自我摸索着各种搭建方法，兴趣极高，并且越来越有想法。

几天后，又是活动区结束的回顾时间，我问孩子们："喜羊羊的房子越来越坚固了，你们是怎么做到的？有没有新的发现？"腾腾第一个就抢着说："把积木平着放"（原来的积木是竖着放的）齐齐说到："可是平着放就变矮了，喜羊羊就该被吃掉了，我们就该伤心了"文文又说："那就多放几个积木"说着自己就跑到建筑区去试了，她把四五块长方形的积木平着叠到了一起，然后兴奋的抬头看看我说："妍妍老师，不倒了吧"。"我还有新的办法"郝宝抢着说道"把大的积木放在下面，然后上面在放个小的，这样不会倒"，"为什么这样就会不倒呢？"作为教师，我马上抓住这个教育契机，引导孩子发现积木的特点。郝宝指着积木说："下面的大，可以拖住上面的小的，这样就不倒了，要是下面小就托不住大的就会倒"我赞许的点点头，并给予充分时间让孩子们试一试这个新的办法。"还有还有"越越说："可以在一个空的地方搭，这样小朋友就不会给碰倒了，我上次就在空的地方，就没有小朋友碰"。"还可以搭出一个高高的机器羊，来保护羊村，我看动画片里就有机器羊"非非兴奋着说着自己的想法……我在一旁很欣喜，没想到孩子们会发现问题的来源，并用自己的方法解决了问题。给予了肯定和鼓励的同时，我还用相机为孩子们照下了照片，同时也搜集了哥哥姐姐搭的羊村，作为环境来支持孩子们的游戏……

我的游戏我做主（小班）

（一）不受欢迎的娃娃家

随着分离焦虑的减弱，孩子们开始正常的幼儿园生活。幼儿园里有太多好玩的新鲜的玩具，其中最受欢迎的非角色区莫属。摆满各种瓶瓶罐罐的玩具柜、能够做饭的餐厅、可以化妆的梳妆台就像一块巨大的磁铁吸引着孩子。在这里他们可以拿妈妈的口红涂在脸上，可以把自己的小脚丫踩进爸爸的大鞋里，可以跑到厨房摸摸这个摸摸那个。以前不可以做的事情，在这里统统可以。

每天早上角色区里都会聚集很多的孩子，争抢玩具的现象时有发生。为了使孩子能够快乐安全的游戏，活动区里提供了进区牌。小小的牌子控制了来角色区游戏的人数。当看见牌子没有时，孩子就会选择其他的区域游戏。开始尝试自己以前没有玩过的玩具，扎堆游戏的现象渐渐消失了。不过好景不长，新的问题又出现了。 今天有四个小朋友来角色区，他们起初在里面走来走去，摸摸这个摸摸那个。过了一会，小邢和果果来到餐厅，从玩具筐里拿出很多塑料蔬菜，一股脑的倒进炒菜锅里用铲子来回翻炒，接着把炒好的菜盛了出来，放在盘子里。看见小餐厅玩的这么开心，在娃娃家里两个孩子也跑来凑热闹，小小的餐厅里挤满了人，再看看娃娃家地上床上都是散落的衣服和袜子。我走到小餐厅里想要和孩子们一起游戏，看见老师也加入了自己的游戏，孩

子们更兴奋了！小邢走到我身边举着铲子对我说："老师你看，我在给娃娃做吃的！" "餐厅里已经有人给宝宝做饭了，你们为什么还要给宝宝做吃的呢？""们不知道宝宝喜欢吃什么？"小邢一脸认真的说。在不知不觉中桌子上放满了为宝宝做的饭，孩子们争着喂宝宝吃饭，大块的蔬菜一股脑的塞进了娃娃的嘴里，但孩子依然乐此不疲的你一勺我一勺的喂着。几天下来我发现孩子们对"做饭"很感兴趣，来角色区也都是为了做饭给娃娃吃。但为什么孩子们会热衷于做饭而冷落娃娃家呢？在和孩子一起游戏时我发现，孩子见的最多的就是爸爸妈妈在家做饭给自己吃，所以在角色区他们首先会想到就是做饭给娃娃吃。由于原有经验有限，孩子们不清楚在娃娃家里可以做哪些事情，在材料提供上小餐厅的材料操作性更强，满足小班幼儿喜欢动手的年龄特点，而娃娃家的材料比较单一，不够贴近幼儿的生活。今天我决定在娃娃家里和孩子一起游戏，来了解孩子的兴趣和需求。果果今天要当妈妈，我看见她坐在娃娃的床边，准备给她穿衣服："今天你要当妈妈是吗？""对啊，我要给宝宝穿上一件漂亮的衣服！"说着果果从衣架上选了一件有扣子的小毛衣，但由于系扣子对小班孩子来说有些困难，所以果果想要放弃给娃娃穿有扣子的衣服，准备换件别的。这时我也坐到了娃娃床边对果果说："我们一起来给娃娃系扣子吧！手捏小扣子，穿进小洞洞，小手揪扣子，钻过小洞洞。"果果按照我的方法也试着给娃娃系扣子，终于一个扣子系好了。果果抱着娃娃很开心，在娃娃家里走来走去。这时我又走到果果身边问："平时在家时爸爸妈妈都会做哪些事情？""妈妈会做饭给我吃、会洗衣服、会打扫卫生、爸爸还会在家打电脑！"果果滔滔不绝的说着"原来爸爸妈妈在家可以做这么多事啊！从孩子的言语中看得出他们的小眼睛观察到了这么多，但为什么孩子们不能把自己的经验迁移到自己的游戏中呢？中午我仔细研究了娃娃家的材料发现，可以调动孩子经验的材料太少。像是可以打扫的用品、可以洗衣服使用洗衣机、可以办公的电脑等。在娃娃家都没有。于是根据孩子的经验，娃娃家里增添了很

多自制的玩具。接下来几天的区域活动孩子们对新玩具爱不释手，一会儿打扫房间，一会儿给娃娃洗衣服，忙的不得了。

（二）小餐厅开业了

经过不断的调整，角色区里的游戏越来越热闹，孩子们玩得越来越开心。吃过早饭两名小厨师来到小餐厅。他们把围裙戴在身上，接着在玩具柜上寻找制作食物的材料。娃娃家里，格格在衣架上认真的挑选了一件很漂亮的衣服，她说今天要带宝宝出去玩。它把头花别在娃娃的脑袋上，然后挑选了一顶美丽的帽子戴在自己头上，接着拿来一个书包随便从玩具架上拿了几样东西塞到了包里，抱着娃娃就出门了。格格在班里溜了几圈，最终在小餐厅前停下了脚步。她对着忙做一团的芽芽说："你们做什么呢？""我在做小熊饼干。"芽芽边说边把模具按在彩泥上。"那一会来你们这吃饭，好吗？""好啊，没问题。"听见有人要来餐厅吃饭，芽芽开心的不得了，开始加快速度。回到娃娃家中的格格不时的想小餐厅大喊："做好了吗？"其他游戏的孩子都被这个声音所打断。终于格格得到了回应："做好了，快来吃吧！"迫不及待格格抱着娃娃来到了小餐厅，芽芽把刚刚做的所有的吃的都拿到格格面前，她们开心的品尝着这些食物，不时的还会喂一些给娃娃吃。今天，小餐厅里迎来的第一位顾客的光临。从芽芽的表情里看得出他是多么享受自己为别人做吃的过程。同样的游戏持续了几天。终于在回顾环节时我们一起决定班里开一个小餐厅。除了给娃娃做吃的，还能满足更多的小朋友想要来餐厅吃东西的愿望。那小餐厅要做什么吃得呢？天天说想做棒棒糖、"泔泔说想做饼干、米图说想做烤串、黄黄说想沏果汁。孩子们你一言我一语说个不停。就这样在孩子的要求下小三班的餐厅开张了！

（三）小餐厅的指示牌

每天活动区时都会听见顾客问厨师"做好了吗？"时常能够看见娃娃的小朋友向小餐厅张望的身影。有时孩子会全都聚在餐厅前等待着食物做好的那一刻。怎样才能既满足孩子取消餐厅就餐的愿望，又能让正常的区域活动不被打搅了呢？应该怎样既能满足孩子的交往游

戏，又能解决这一现象呢？早上天天在娃娃家里拿起电话给小餐厅打电话订餐，说一会带娃娃去吃饭。但等了好久小餐厅都没做好。天天一脸失望走到我身边说。"老师，他们太慢了，我等了半天都没做好！"说着天天就跑到小餐厅冲着厨师大喊："你们太慢了，我不去餐厅吃饭了！"听到顾客这么说，厨师有点不高兴。在回顾时我给孩子们讲了角色区里发生的一切，小厨师委屈的对我说："天天老是催他们！"看来无论是顾客还是厨师这确实是个矛盾的事情。"有什么好办法能够让客人不用跑到餐厅或者大喊就能知道饭菜什么时候做好呢？""可以先挂一个帘子，做好时把帘子摘下来。""可是我们没有那么大的帘子啊！而且老师看不见你们会发生危险。""可以做一个牌子，做好后就把牌子立起来。"饭菜还没做好时有很多小朋友都会去餐厅里能等，这样太浪费时间了，现在有了小牌子我们就不需要在餐厅里等了。"

（四）我们的新菜单

一块小小的提示牌使区域活动恢复往日的平静，孩子们既能开心的玩着自己喜欢的玩具，又能去小餐厅里进餐。早上区域活动有序的进行着，突然小餐厅里传来了果果的喊叫声："老师，我不想再和争争做好朋友了！"果果很伤心地跑到我身边。"怎么了"我试图先平复果果激动的心情。"我做了好多的吃的，但争争都不吃，还说我做的吃的不好吃。"果果抹着眼泪伤心地说着。这时站在一旁的争争也争辩道："我不想吃羊肉串，可是他非让我吃，我想吃蛋糕。""小餐厅里没有蛋糕！"果果委屈的说。"老师觉得你们两个都没有错，争争想吃蛋糕没有告诉厨师，所以厨师不知道就做了羊肉串。那怎么能够让厨师做自己喜

欢吃的食物呢？"在一旁的希希说："可以把想吃的告诉厨师，他就会帮你做了。""餐厅里没蛋糕。"果果说。"那怎样让顾客知道小餐厅里有什么食物呢？""可以告诉客人。""可是小餐厅的吃的太多了！""可以写在纸上。""但是我不会写字。""可以请老师写啊！"孩子们你一言我一语说着自己的想法。"这样吧！我们把小餐厅里的吃的做成照片，下边老师帮你们写上名字，这样客人就知道小餐厅里有什么吃的了！"打铁趁热，说着我就和孩子把平时在小餐厅做的食物都放在桌上，用相机拍下来，制作成属于小餐厅自己菜单。别说！还真不少！像蔬菜卷、饼干、包子、饺子、汉堡、披萨、饮料等不下十种。第二天孩子们看着自己的食物被拍成照片兴奋不已。曼曼拿着菜单仔细的研究，终于发现了自己想要的食物。她指着菜单说："我想要一个汉堡、两个饼干和一杯橘子汁。"然后就离开了餐厅。但是由于说的太快，小美没有记住她还点了什么。过了一会小曼来吃自己点的食物，发现只有汉堡，于是对小美说："我的饼干怎么没有？""你说的太快了，我没听清。"这是我拿了几根笔过来说："小客人可以把自己想吃什么标出来，这样厨师就不会忘了！" 接下来的几天我特别留意了小餐厅的菜单，发现了一个有趣的现象。每天菜单上都会出现不一样的记录方法，有时是勾，有时是圈，我还惊奇的发现菜单上开始出现了简单的数量关系。如：一个汉堡就用三条线或是三个点表示，有时竟是数字。在和孩子的游戏中我们慢慢体会着"给孩子一份自由，孩子会还你一份惊喜。"这句话的含义。也开始体会到区域活动对孩子学习的重要性。在活动中孩子是主动地学习者，在活动中孩子是有智慧的问题解决者，在活动中孩子是生活的小主人。

恬恬玩出来的活动——从独自制作到分享促销（小班）

▶▶▶

快看！恬恬自制的饼干新鲜出炉啦！

恬恬手里握着擀面杖，目不转睛地盯着案板。恬恬从柜子的小筐里取出一个房子的模具。恬恬又从盆子里揪出一小块面，放在手中揉了揉，放在案板上面按了按，然后拿起擀面杖，两个手一起前后擀着面。不一会儿，圆圆的面团就已经变成了一张扁扁的饼。

恬恬拿起一个放在一旁的房子模具，双手轻轻地放在面饼上面，两个小手重叠着按住模具，看着恬恬牙齿都呲出来了。突然，恬恬脸上露出淡淡的微笑，取下模具，恬恬举着制作出来的小房子饼干，兴奋地拍着文文的肩膀，得意洋洋的"快看，我自己制作的小房子饼干。"

恬恬小心翼翼将饼干放在了手心里，脸上洋溢着灿烂的笑容。

文文看着恬恬手中的饼干，指着自己案板上的面团说："看，我要包饺子。瑶瑶妈妈上次和我一起做的。下次我也让我姥姥来，我姥姥还会包包子。"

恬恬带给我的惊喜：（从幼儿的行为反思教育）

中班初期，在"美食屋"里，"桃心、星星、小熊"等饼干的模型成为了幼儿爱不释手的玩具，幼儿痴迷于使用真实的材料（面团及模具）进行制作饼干的活动。

恬恬也不例外，恬恬已经连续几天在美食屋，从开始尝试使用模具，到不断反复练习感知面团与模具的作用关系，到后来可以自如地探索材料（擀面杖、刀具、模具）的使用，探索制作出自己想要制作的美食。面团和模具刚投放到美食屋，激发了幼儿制作的兴趣，也同样满足了幼儿反复操作材料，一次又一次与材料互动的愿望。

与此同时，瑶瑶的妈妈走进了幼儿园的课堂，走进了中三班。瑶

瑶妈妈和幼儿一起制作包子、饺子、面条、馒头，制作的过程中渐渐解决了幼儿出现的"面粘手"，"模具取不下来"等等问题，幼儿直观地看到了瑶瑶妈妈撒薄面的场景。幼儿在制作过程中获得了学习！

快瞧！有人来买恬恬做的美味饼干啦！

当幼儿的操作已经很熟练。此时，就出现了下面的一幕：

"我想要一个星星的饼干，我们家的孩子最喜欢吃。"熊熊脖子上系着领带，手中拎着黑色的电脑包走到美食屋的操作台。

此时，站在一旁的穿着服务员围裙的小白，走到熊熊面前，拉着熊熊边往外走边说："你应该到外面去买！"小白将熊熊拉到了"外卖"窗口，回到柜子前面。

突然，熊熊又一次来到文文身边"我想买这个。"一边指着文文手中的材料一边说。

"你到前厨去。"文文一边用手推着熊熊一边说。

话音刚落，另外一名服务员恬恬走到熊熊身边，拉着他走到了外面窗口，并且告诉他："顾客要在这买。你想买什么？""我想买这个饼干。"恬恬将饼干递给熊熊，熊熊转身就要走。恬恬立刻回应："给钱啊。"熊熊转过身子，伸出手一边拍着恬恬的手一边说："给你"。

熊熊拿着饼干离开了美食屋，回到了娃娃家。

外卖窗口换位置：（从幼儿的需求调整环境）

美食屋环境创设的初期，"操作台"是幼儿餐后放碗的3米多的柜子台面。一个有棚子的情景柜子放在了侧面，面对着盥洗室。

娃娃家的熊熊爸爸来买饼干，直接就和真正制作的文文说。

此时穿着围裙，正在当服务员的恬恬指引着熊熊来到了外卖的窗口，当回顾的时候，恬恬提出问题："顾客不可以进后厨，要在外卖买。"恬恬的建议引起了小朋友的共鸣，也引起了老师的深思：熊熊为什么没有去窗口，而是在操作台就和制作的小朋友说呢。"此时，我的脑海中浮现出美食屋的场景：我恍然大悟，从娃娃家到美食屋最近就会到达操作台，而蛋糕展示的窗口在侧面拐弯处，对于幼儿来说不便于发现及运用。

因此，为了满足幼儿"买卖饼干"的愿望，老师将"操作台"和"外卖窗口"的位置进行了调换。果然，环境设施的调整，材料位置的摆放在幼儿游戏过程中起到了重要的作用。调整后的"外卖窗口"吸引了不少娃娃家的顾客。

快来！恬恬打算去邀请小伙伴来买蛋糕啦！

过了几天，恬恬又来到美食屋，那个洋溢着笑脸的小姑娘一瞬间消失了。

恬恬像是心事重重的，眉头紧锁。我走到身边，俯下身子悄悄地询问："恬恬，发生什么事情了？怎么了？"恬恬指着自己制作的蛋糕说："没有人来买蛋糕。""奥，原来做好的蛋糕，没有顾客来买！那服务员要想想办法了。回家的时候可以去观察观察、想一想如果外面的蛋糕房没有人去吃，他们是怎么做的呢"说完，我悄悄地离开了。

此时，恬恬走到娃娃家，发现没有人，又走到旁边的小医院。"你

们要买蛋糕吗？"医院的小朋友凑在一起似乎在商议什么，并没有对恬恬的话做出回应。

恬恬又来到书屋，"你们要买蛋糕吗？"看书的小朋友也没有回应。恬恬有些沮丧的回到美食屋，恬恬先是盯着柜子中的蛋糕看了一会儿，恬恬将饼干夹到盘子里，双手端着盘子来到书屋。"你们要买蛋糕吗？"看书的小朋友立刻被恬恬手中的盘子吸引了。恬恬再次到了美食屋。

恬恬从美食屋走到书屋：（自主引发的交往行为）

恬恬已经不能满足于制作饼干的乐趣。开始渴望与同伴交往。当发现没有顾客的时候，恬恬"三顾茅庐"的去请小朋友来美食屋。先是来到娃娃家，发现没有人。又来到小医院，当发现没有引起同伴的关注后，又尝试的来到书屋。先是用邀请询问的方式问："你们要买饼干吗？"当发现还是没有人回应的时候，恬恬回到了美食屋，乐乐将制作好的饼干交给了恬恬。恬恬端着制作好的饼干再次去请"小顾客"，之后，我问恬恬出去做什么了，恬恬告诉我她是在"促销"。

恬恬在游戏过程中调动了自己的已有经验。进行了三次尝试：

第一次，使用语言去邀请同伴参与到游戏中。

第二次，利用材料去引发同伴的注意。

第三次，将制作的面点直接送给同伴分享。

角色游戏为幼儿提供了充分的同伴互动机会。恬恬在与同伴互动的过程中，幼儿认识到他人会有与自己不同的看法和态度，能够学会协调不同的观点、调整自己的行为，模仿超市的成人以"促销"的形

式去寻找顾客，实现自己的计划，体验自我的价值感。

恬恬尝试了多种方式解决游戏中遇到的问题，经过体验、内化自己的社会认知逐渐形成社会性行为，自我建构社会经验。

恬恬的"促销"活动开始啦！

恬恬和瑶瑶都穿着服务员的衣服站在美食屋里，恬恬站在桌子前面开始用菠萝粉冲着饮品。"怎么没人来喝呀？"瑶瑶站在一旁向恬恬发问。恬恬一边操作着手中的杯子和菠萝粉一边说："没事，我一会去发宣传单。"说完恬恬放下手中冲好的饮品。"你看着啊，我去做宣传单。"只见，恬恬来到加工厂，从柜子上面取了一张A4的纸、一把剪刀、一根粉色的水彩笔回到美食屋。

恬恬先是用剪刀分别剪下许多小方块，然后用笔在上面画上图案，写了一个数字。我忍不住好奇走过去询问道："恬恬，这是什么意思？""这是个水杯啊，就是要喝饮料的意思。"恬恬一边指着画面一边对我讲述着。"那这个数字什么意思？"我接着追问着。恬恬举

起纸片对我说："这个就是可以几个人来喝，这是可以来2个人。""瑶瑶，你在这等着，我去发传单。"话音刚落，恬恬已经来到小舞台将传单发给了表演的小朋友，"你拿这个来美食屋可以免费喝饮料。"恬恬边说边把小纸片递给了楠楠。

恬恬有了发宣传单的想法！

当没有顾客出现的时候，恬恬将生活经验迁移到游戏中，想到了用"发宣传单"的方式，走出活动区请顾客来品尝饮料。恬恬和瑶瑶两个服务员能够互相协商，并且相互配合。一个人发传单，一个人给来的顾客冲制饮料。利用无角色暗示的材料帮助幼儿提高解决问题的能力。

游戏的过程也就是幼儿自我发展的过程，其中隐藏着重要的教育动因，内含着教育方法的契机，有着不可忽视的教育价值。这些角色游戏区域为不同区域之间的互动提供了便利与可能，幼儿穿梭于不同区域，自发产生了一种萌芽状态。

以活动区为背景的自主游戏正是最适宜中班幼儿发展需要的。角色游戏是满足中班幼儿交往需求、社会化情感的主要途径。通过游戏不仅能满足幼儿活泼好动、积极主动的特征，满足幼儿爱玩、会玩的心理需求，又能帮助他们在区域游戏中体验规则，满足个性化发展与自主性游戏的需要。

幼儿从操作材料到熟悉材料；从相同区域的同伴交往过渡到相邻区域的伙伴交往；从显现出渴望交往的情感到主动发起交往。从同一个区域内的交往，过渡到娃娃家与美食屋交往，小医院与美食屋交往，再到三个区域之间的互动交往。孩子们玩起来了，在一个自己的"小社会"中行走起来，活动起来了！

照相馆 小舞台（中班）

▶▶▶

　　开学初期，我们为了让孩子们尽快熟悉新环境，认识新朋友，提议孩子们从家中带来自己的生活照，以后，班里大多孩子都想带过来展示自己最美的照片。瑶瑶突然在班里提议："老师，我想当摄影师，我们开个照相馆吧。"孩子们热烈响应。"我当化妆师""我会梳小辫""我会走模特步"……看着孩子们兴致如此高涨，我表示非常同意，并和孩子们一起给我们的照相馆起名为'咔嚓照相馆'，还准备了丰富的材料，在孩子们的欢呼声中，'咔嚓照相馆顺利开张了'！

　　刚开始的时候孩子们很愿意进入照相馆游戏，慢慢却发现照相馆已经进入了空无一人的瓶颈期。于是我在观察两天以后，召集起孩子们开始讨论"咔嚓照相馆没意思，每天就是化妆化妆的，一点都不好玩""我们照完相就没事情干了，还是益智区的玩具好玩"……孩子们七嘴八舌的说着自己的想法，

这些对话也引发了我的思考。偶然的一个机会，小葛对我说："妍妍老师，昨天妈妈带我去看话剧，我看见他们也打扮自己，然后去表演节目。"小葛的话让我眼前一亮，于是新一轮的讨论开始了。我调动孩子们原有的生活经验，班里竟有很多孩子都看过舞台剧表演，孩子们的积极性被我的启发调动了起来，于是在我们讨论过后，孩子们一致同意把照相馆

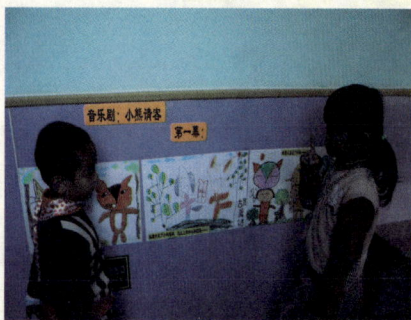

和表演区相结合。他们在装扮之后进行表演活动，这样，他们的装扮就变得有意义的多了，同时故事表演不仅有现实中的角色的分配，还有故事情景里的角色分配，我想这样的游戏对于孩子来说肯定更有意思，更有挑战性。

我们的剧本

小剧场开张后，第一个问题就是要表演的故事是什么？孩子们都有自己的想法，孙悟空，擎天柱，蓝精灵，这些孩子们熟悉和喜爱的人物都是他们想要表演的，但作为老师来说，我想，到底什么样的故事更适合表演呢？一天我按照原定的计划给孩子们讲《金色的房子》的故事，当我讲到第二遍的时候，孩子们最后竟一起跟我说出"红的墙，绿的窗，金色的屋顶亮堂堂"

我突然意识到，这样的角色，这样的情节，这样的台词是不是很适合孩子们表演呢？于是我开始征求孩子们的意见："如果我们在表演区演金色的房子你们觉得怎么样？"我的提议一下子得到了孩子们的认可，他们迫不及待的要去开始表演了。孩子们简单的画出了故事的内容，并订成册，投放在表演区，我们的第一个故事舞台剧就这样生成了。

工作安排表

我和孩子们心平气和的坐下来聊一聊这一段时间的小剧场的游戏，我让孩子们充分的表达自己的想法"他们进去老是打扮自己，都不说要怎么演""演员光穿衣服也不行呀，得会说那个故事里面的话，得有台词""一开始几个演员得商量角色，要不都演小姑娘就没办法表

演了"我立刻记录了孩子们发现的问题，并来让孩子们商量如何解决这样的问题。在我们热烈的讨论中，孩子们制定了小演员的工作，其中包括：商量角色，装扮自己，开始彩排，进行表演这四个步骤。工作细则制定好后，我们又一遍一遍的熟悉故事内容，情景和对话，以便支持孩子们更好的进行表演游戏。

我们自己解决问题

交往就在此刻出现了，孩子们的第一个问题就是角色的分配。他们遇到了诸如：两个小朋友想表演同一个角色，表演区的演员不够数，有的角色没人演等问题。面对孩子们出现的问题，我没有给予任何的意见，我想孩子们在自己解决问题的这个过程中，实际就是促进交往的一个很好的途径，作为老师的我必须相信他们有自己的解决问题的办法，而我需要做的只是等待他们，给他们充分的时间去尝试，探索，挖掘解决问题的方式。这样的等待持续了两三天，来到表演区游戏的孩子们几乎都遇到了同样的问题，但不同的是，有的孩子可以把游戏持续下去，有的却草草了事。我想该是让他们进行经验分享的时刻了。我启动了一天的回顾环节，让他们说一说自己最近在表演区的新的发现和感受，果然不出我所料，很快孩子们便提出了分配角色的问题。"我们也遇到了"彤彤说"之前我和俏俏都想演小姑娘，于是我们就约定一人演一次，轮流进行"。"我们也是"轩轩跟着说道。"上次我们的演员多了一个人，于是我们就商量有两个小鸟"芸芸自豪的说道。"我们也有办法，要是演员少了一个的话，就让一个小朋友演两个角色。"小宇补充着。孩子们都在你一言我一语的说着自己的好办法，而我也在这次活动中充分验证了我的等待是对的，孩子们真的可以自己去尝试解决游戏中出现的问题，并且解决的还很好呢。我想，该是我发挥作用的时候了，于是，我带领孩子们把他们的好办法用他们喜欢的方式记录下来，做成背景的支持，帮助幼儿梳理自己的经验，让幼儿在原有的游戏水平上都有所提高，使孩子们的游戏可以进一步的发展下去。

观众也太多了吧

之后没多久，孩子们已经可以很顺畅的进行表演，在选择角色的过程中也依照自己的经验可以很顺利的解决，他们还共同制作了宣传板，以便让别人知道自己今天的表演剧目是什么。又是一天的表演，小意在彩排过后对其他人说："我们演的很棒了，可是没有人看呀，要不我们去请点观众吧。"表演区的孩子们很支持，而在一边的我也没有反对，我想孩子们随着游戏水平经验的提升，肯定是会把游戏的内容丰富起来的，我不想阻止孩子们去创新自己的游戏，我想要看看这样的游戏进行下去结果会如何。于是表演区的 5 个演员同时去请小观众，这个新游戏的诞生激发了全体小朋友的兴趣。活动室空无一人，大家都跑到了小剧场去看表演，一下子小剧场被堵得水泄不通，小观众吵吵嚷嚷，小演员紧张的不知所措，当天的表演宣告失败。

活动后我们立刻进行了分享活动，我和孩子们一起分析了出现问题的原因。"人太多了，差点没把我挤死。""小观众一点都没有秩序，一直在说话""都没地方坐了，小观众站着，小演员都没地方表演了""人太多，我不站着根本看不见他们在演什么""我的车都没搭完就被他们拉过来看表演了"我把孩子们出现问题的成因记录下来，就开始试着和孩子们商量解决的办法，小葛说道："上次妈妈带我去看表演，门口有个卖票的阿姨，不应该是演员出来卖票，而且剧场里有几个座位就卖几张票，不能站着看。"小葛的话引起来孩子们的思考。我给予孩子们充分思考的时间，也让他们在游戏中尝试解决这些问题，在之后的两天中我依旧没有过多的干预孩子们。但当我以旁观者的角度观察孩子们时，我发现孩子们的游戏有了明显的变化

多了一个角色

孩子们自发的形成了新的游戏，他们的游戏中出现了新的角色'售票员'。孩子们是这样给我讲解这个角色的：售票员不是演员，他只负责卖票，他先帮我们装扮自己，然后看我们彩排，彩排好了以后他就去卖票。同时孩子们还自己制作了 5 张票，说观众席只坐的下 5 个人，所以每一次请 5 个小观众来看。这个过程是我完全没有参与的，也是我完

全没有想到的。孩子们迁移了自己的生活经验到游戏当中，自主的丰富自己的游戏内容，通过角色的增加来解决之前游戏出现的问题。在交往中习得解决问题的能力，在回顾中，小演员也为小观众制订了规矩，比如：要坐好看表演，不能大声喧哗，不能打扰到别人等等。孩子们在完全自主的决策着自己的游戏，也使游戏的内容越来越变得丰富有趣。

小观众的工作

随着游戏的深入，孩子们开始有了新的剧目《小熊请客》，而小观众也在一直支持着他们的表演，但是很快，小观众的人数就减少了，有时甚至请不到一个人，孩子们很困惑，他们觉得自己的表演很好看，为什么请不到观众呢？又是回顾环节，我请小观众说一说自己的感受"总是坐着看没意思""每天都是演一样的不好玩""我们没事干"……针对这些问题，我们继续进行商量"可以让小观众给小演员送花""小观众可以说一说谁今天表演的好""小观众可以帮忙收道具"孩子们大胆的说着自己的想法，我也真的看出孩子们在这个过程中的交往意识的增长和解决问题的能力，依照孩子们的愿望，我们对小观众的工作进行了调整，使得小观众可以有事可做，让每一个角色都更富有意义和趣味。

我做的陀螺玩具（中班）

（一）旧的玩具，新的玩法

班里有一筐不知名、没有图的拼插玩具，一天，丁丁和妞妞端来这筐玩具，拼插了一只小鸟和一辆坦克，虽然形象很是简单，拼插的方法也并不复杂，但我眼前还是一亮，心想孩子们终于关注到它了、终于拼插出东西、拼插出水平来了，于是，游戏后的分享活动，我表扬了他们，还特地请他们来与大家交流："我相信其他小朋友一定能拼插出更漂亮、更好的作品。"我以激励的言词作为分享的结束语，目的激发孩子们的拼插欲望。功夫不负有心人，接下来的日子里，孩子们的作品越来越多，也越来越复杂，从平面的鱼到立体的汽车；从实心的坦克到有空间的房子，摆的展示台满满登登，为了保留、展示孩子们的作品，我特地又找来了一套同样的玩具补充进去。一天游戏结束时豆豆说："我有一个新的发现，"豆豆看着手里的玩具他又提高了声调："就是这个玩具它会转。"说到这，豆豆真的在桌子上转动起来。孩子们一阵欢笑："我们也发现了。""对，不用插就能玩，因为它有小揪揪。"孩子们应和，丁丁也显得十分得意。"我早发现了，我还会插陀螺呢！"一旁的牛牛抢着说，并用五块玩具迅速拼成了一

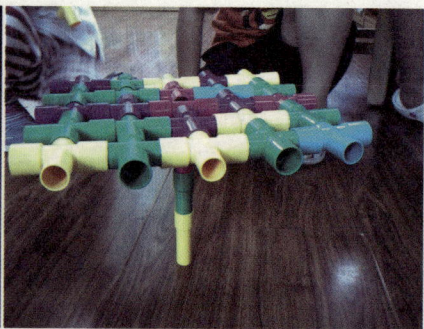

个蘑菇样的陀螺，当'小蘑菇'转动起来时，孩子们报以热烈的掌声："牛牛你太棒了！。"陀螺的转动引起了孩子们的强烈反响，他们纷纷拿起玩具三下两下也插成了形状相仿的陀螺，并一起转动起来。

这时我举起手中的小陀螺和先前幼儿插的大房子："孩子们，你们更喜欢拼插不同的造型呢，还是喜欢拼插陀螺呢？为什么呢？""我喜欢插小动物，因为好看。""我喜欢插不一样的形状，因为可以展示，让小朋友学习。""我喜欢插难一些的样子，因为可以变聪明，老师也会表扬。""我想插陀螺，转起来很有意思。""我也喜欢插陀螺，因为可以玩儿。""还可以比赛呢。""转起来是圆的很漂亮。""我想插陀螺，因为以前没插过。"……

（二）按照自己的节奏有兴趣的玩儿

在兴趣的推动下，孩子们的拼插呈现出两种类型，但很快，由于拼插的陀螺能转能玩儿，常常招惹的孩子们又叫又笑，自然成为了班里游戏的主流："老师，你看我的陀螺像不像一个汉堡。""老师，我拼插了一个飞盘。""我插的是转椅陀螺。""我的是荷花、螃蟹。""我的是许多的鱼……"。"老师，我插出了7种陀螺。"一时间，班里的展示角大部分被陀螺所占据，一天，皮皮兴冲冲跑来对我说："老师，我插了一个巨无霸陀螺，它是由三个陀螺落在一起的。"说着，他高高捧起了它的大陀螺。"能转吗？"在表示欣赏后，我提出了疑问，试图引领孩子们进一步的探究。"我试了，就是有点转的时间不长。"说着，他在桌上转动起来，果然如孩子所说的那样，陀螺很快就停了

　　下来，我很欣慰，因为在孩子们充分尝试了不同样子的陀螺后，他们开始关注陀螺转动的时间长短问题。

　　"这是为什么呢？""是太高了。""太大了就不好转。"……不知什么时候，周围已经围了一些孩子："我觉得是太重了，转起来很费力。"皮皮说出了自己的感受。"可是，它还是很好看的。""我也觉得是，我要插一个更大的……。"显然，孩子们对影响陀螺转动的时间长短的因素是有一定的感知的，但此时此刻，孩子们对这个问题仍然没有太大的兴趣，而他们的有意注意、他们的兴趣仍然受他们愉快的情绪所控制，从拼插的像"柿子"一样简单的陀螺到拼插的像"螃蟹""荷叶"一样大而显眼漂亮的陀螺，都给孩子们带来无限的快乐。到此为止，班里第一批'吃螃蟹'的孩子们似乎是进入了游戏的高潮，同时似乎也走入了瓶颈，曾一度明显减少了此玩具的活动，而把兴趣投入到了其他玩具中，特别是插管玩具，而接替他们的游戏的孩子们，正在饶有兴趣地让各种形状的陀螺转动起来。

　　（三）有图的玩具，变化着玩儿法——为玩而玩儿

　　作为孩子们的新兴趣点——插管玩具（有人物和恐龙的拼插图）非常简单，共有四种形状组成：管状直筒的、管状弯筒的、三通形状的和十字四通形状的，它们分别有大小孔，便于相互连接。

　　早间活动时，丁丁举着计划本对我说："齐老师，我想用插管插一个大大的陀螺。"孩子们的插管玩具是有图的，他们的拼插成果一

直是令老师们赞不绝口的，他们按图拼插出的动物、人物栩栩如生，根据自己的游戏需要，探究、创造拼插的花架子、各式的衣服架更是实用美观、令人称赞，可今天，孩子们竟计划着改变自己的游戏风格，这显然是受了旧玩具拼插陀螺的影响。我看到丁丁先拿来一根弯头的管子然后连续插一个直管后又是一个弯头，不一会儿插成了一个正方形，他拿起试了试："怎么不好转，再插一圈大一些就好转了。"他一边自言自语，一边继续插，不一会，变成了蜗牛的样子。"老师你看，我插好了。""真好看。"我发自内心的赞叹。"能转吗，我想试一试。""一定能转。"丁丁很是自信，"你看，它下面有个尖，上面是平的。"他指着插好的陀螺的顶部，显然，怎样才能转起来，孩子早已有自己的想法。当陀螺真的转起来时，一旁的孩子们自发地鼓起了掌："真好看。"丁丁不好意思地笑了。

孩子们迁移了用带小圆揪的小块积塑成功地拼插陀螺的经验，开始用插管玩具插陀螺，用他们的话来说就是："小块儿玩具能插陀螺，插管儿玩具也能插陀螺。""只要有小揪揪的玩具都可以转。能转的就是陀螺玩具。"他们大胆猜想了，他们也大胆尝试了，他们也真的成功了。

（四）玩儿中悟出的新经验

一天，丁丁和东东不约而同地用插管玩具插出了两个不同的陀螺，丁丁的从形状上看更像是篆书的水字，以三通为中心，向前后两个方向延伸，共三条通道，中间一条通道的两端各有一个弯管分别拐向两个方向。东东的陀螺则更像一架滑翔机，虽然也是以三通为中心，共三条通道，但却是向前后、左右四个方向延伸的。"齐老师，你猜我们俩的陀螺谁

转的时间长。"从陀螺的平衡对称、重心高低等方面明显看出，他们对陀螺转动的持久问题已研究的比较深入了。"丁丁的转的长。""东东的长。"跟随的孩子们很是激动。"怎么知道的呀？"为了梳理孩子们转动的经验，我笑着反问孩子们，什么样的陀螺转动的时间长，小曦说。"我觉得它们转的时间一样长，因为下面的小揪揪都很短。""重心都很低。"彤彤补充说。"我觉得东东的转的时间长，因为他的大，大的受到的风就多，转的时间会长。"一瑶认真地说。"我觉得我的时间长，因为我的陀螺压的特别平。"丁丁边说边把陀螺翻了一个个，倒扣在地上，用双手认真地按陀螺的每一个位置，最后还重新摆正陀螺小揪揪的位置。迪迪说："他的孔儿多，1、2、3、4、5……有20个孔儿呢，孔儿多风就可以进去，风推着转的时间就长。""我觉得他们两个插的有点不一样，丁丁的只有横的没有竖的。东东的哪个方向都有。""哪个方向都有会怎样？"我追问孩子。"就会一样沉，转的时间就长。""平衡了，转的时间就长。"……在我的建议下，孩子们把自己的猜想记录在一张大纸上，每次拼插陀螺时都要进行验证。

蛋壳小猫咪（中班）

今天，你的眼睛好厉害，很快就发现了美工区的新材料——一些留有小口的鸡蛋壳，并明显地产生了兴趣，你问我它们可以做什么？我说也许，能用来做个小动物什么的。你很快就有了新的想法，就是做个小猫咪。并很快投入到自己的计划中。

当你用充满了欣喜的声音让我看你的小猫咪时，哇！我真的很吃惊，你用鸡蛋壳做成了一个小猫咪，确切说是一个猫咪头，小猫咪的胡须、眼睛、嘴使用黑色彩笔画上去的，耳朵却很特别，是立体的，用两块三角形的彩色卡纸来做的。老实说，这是我没有想到的。

你告诉我，你发现妞妞做的橡皮泥小熊耳朵立着很好看，就想让自己的小猫咪耳朵也立着，于是剪了两个小三角，用透明胶条粘住一边，不能全粘上，然后折一下，耳朵就立起来了耶！

当我夸赞这个小猫头很漂亮，并探问你接下来你要怎么做？你楞了一下，看看小猫咪，有点不好意思了："呵呵，我再给她做个身体。看来你意识到了"美中不足"并接受了我提出的挑战。

你摆弄了一会儿小猫头，先是拿起一根冰糕棍插在猫头下，看了看又取出来，又拿起一只蛋壳，把有洞的那头对接在猫头下，仔细地打量了一会儿，重新放到桌面上，又拿起透明胶条座，截断一段胶条，把两个蛋壳粘在了一起，似乎担心不牢靠，又扯下一块胶条粘上，才满意。

你再次高兴地请我来看她的作品。并在小伙伴们的艳羡目光中拿着小猫咪来到美工区的展示台，可是无论怎么放，小猫咪就是站不起来，一次次倒下。你向我求助，并接受我的建议到材料柜里寻找能帮小猫站起来的东西。翻找一会儿后你挑出一个塑料药瓶，试着把小猫

放在瓶口上，但是小猫站了一会儿就栽倒了，你又试第二次，又失败了。你自言自语着："太重了。"开始犹豫起来。你能够想到利用小瓶子来调整物体的重心已经很了不起了，在我的建议下你尝试用旁边的瓶盖，你把小猫往翻起的瓶盖上一放，小猫稳稳地站住了！

在这个故事中，小辛有可能在学习什么？

小辛，你的笑脸感染了我。我非常欣赏你能积极地借鉴其他小朋友的经验用于自己的创作中，你从小朋友做橡皮泥小熊受到启示尝试立体的猫耳朵怎么做；你很勇敢，意识到小猫咪和小猫头的区别之后，并尽力地去实现自己的计划，在这个过程中你克服困难，大胆地尝试用什么材料做小猫身体；你开始具备良好的与人交往的能力和技巧，你遇到克服不了的困难时懂得向老师寻求帮助和指点，并愿意听取建议。你的智慧的表现让我不得不为你的的学习品质和学习方式所感动，我暗自庆幸也许自己所做的事情对你的学习带来了比较积极的影响，比如：等待你自己去发现去尝试，间接地提供帮助和引导，委婉的建议等。

机会和可能性

你让我更清楚地看到了你在学习过程中的"精彩"与"独特"，我期待你在以后的日子里有更大的发现和更独到的创造，我相信会的。

家长的回应

妈妈在联系册中写到，看到老师发到家长 QQ 群里你的小猫咪照片时，也很吃惊和高兴，感到你越来越有创造力了！妈妈说，你在家里很喜欢画画和手工制做，经常用剪刀、胶棒等进行粘贴制做，并能坚持着做出自己满意的小玩意儿。她说你的坚持性和与人沟通的能力会让你有更大的成功，我也是这样认为的。

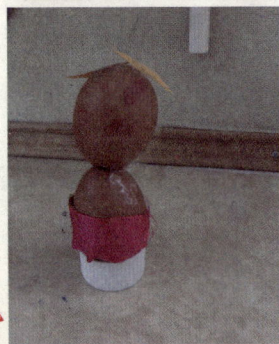

从拐弯到 "拐弯"
——幼儿搭拐弯桥的学习与发展（中班）

▶▶▶

孩子们在搭建双向行驶的桥之后，继续玩儿着属于他们自己的游戏：
玩儿，引发孩子的思考：

"圆圆，我们搭的桥什么时候通车呀？" "现在就可以了。" 圆
圆高兴地招呼着同伴。"嘀嘀……啊……哦……掉到悬崖里了，哈哈
哈……。" 孩子们开心地笑着跌坐到地上，圆圆先是一愣："你怎么不
掉头呀？掉头不就行了！" 同伴们都笑起来。只有圆圆坐在那里抱着桥
墩思索着："怎么老是断桥……？

"我们必须搭拐弯了（孩
子们已经搭建了好几座断桥）。"
圆圆坚定地说，孩子们收住了
笑声："用拐弯（拱形积木）
吗？" "对，我们得多用几个拐
弯。" 圆圆肯定的回答。于是
他们把五六个 '老翁' 罐落在
一起成为一个桥墩："搭一个
拐弯得用三个桥墩呢，拐弯的中间也得用桥墩，不然会倒的。" 孩子
们调动着原有经验相互提醒。圆圆放下积木，"我们需要很多桥墩，"
伸出手指："一二三四，四个拐弯呢，一个拐弯三个桥墩，一二三、
一二三、一二三、一……十多个呢。" 他伸着手指。

"快帮我扶一下……"。'哗啦，哗啦'，接连两次的倒塌 "没
有奶粉筒了，老翁罐太细，搭高了就倒怎么办？" 浩浩无奈地说。此
时收玩具的音乐响了起来。"我们下次只好把桥搭矮一些了……。"

圆圆回应着同伴。

收玩具时，圆圆默默地把'我还要继续'的牌子放到了两个高高的断桥上。

（一）第一次尝试——相互配合的整体拐弯

第二天的建筑区孩子们如期而至："我们今天要搭桥的拐弯。"

做计划时，孩子们目标很明确。"别忘了咱们搭矮一点儿的桥。"搭建时圆圆提醒大家。"圆圆，给你横梁。""好，咱们用锁扣的办法搭桥。""锁扣？"浩浩反问。"对，一横一竖就是锁扣，要有水泥更结实。"孩子们在两块桥板连接处，与桥板垂直90°放上一块长条积木当做公用横梁，然后一块块向两边铺设桥板。

该搭拐弯了，晨晨不停地翻弄着放异型积木的筐："没有合适的拐弯怎么办，他们都一样大……。"边说他边把两块积木平放在一起比着："挨不紧，怎么办？""用这个积木试试。"圆圆拿起一块X型积木试了试，又放下了。"还是让老师给我们搬点儿拐弯去吧。"浩浩说。"现在，老师不看着小朋友你说成吗？……我看，我们就只能差不多了"。圆圆摊开两手做了一个无奈的手势。说话间，孩子们已经搭好了四个拐弯："不一样齐。""好像没拐一样。"一旁玩玩具的孩子发表着自己的看法。"方向不对，就像是指南针指错了方向。嗯……我有办法了。"说着，圆圆拿起了一块小长方体积木放在了最外圈拐弯积木的前面："加长，加长，最外面一圈最长了，越大圈就越长"。他做了一个转动陀螺的手势。"第二圈也长，越里边的越小圈……。"浩浩学着他的样子。

（二）第二次尝试——尝试分工的个人搭建

"我们今天没搭二环路。"分享时小恒对刚来幼儿园的圆圆说。"刚

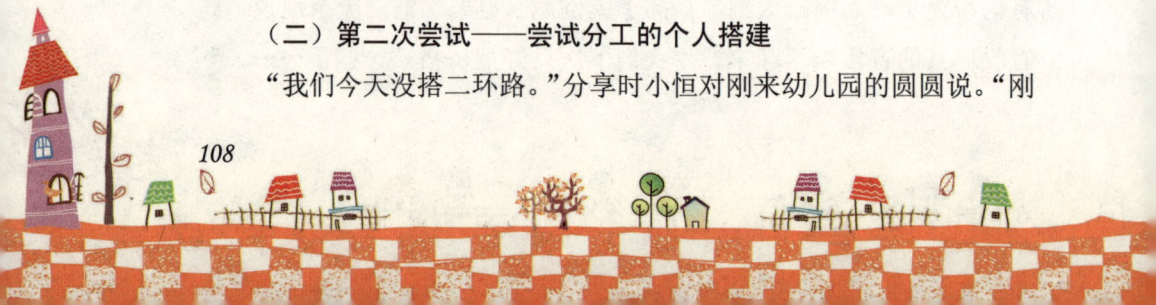

才你没来，我们没法打配合，总是转转转的搭不好，我就往这边拐了，他往那边拐了。"圆圆边做手势边为同伴总结说："你们搭的是二分之一形吧。""……对，就是二分之一形的。"小恒看着圆圆回答。"什么叫二分之一形呀？"我尝试着了解她们对这个提法认识到什么程度？。"刚才圆圆没来的时候，我们两个人每人搭一半，都搭自己这边的桥就行了。""是这样吗？"我用手指比划着，是想帮助他们明晰整体与部分的关系。孩子们点点头。"哦，原来你们两个人做了分工真的很棒。"我十分认真地说。"嗯，所以是二分之一形。"孩子们使劲点点头。"也可以三个人分工，那就是三分之一形了……"。圆圆补充说。（孩子们居然有了分数的意识，并且能如此准确的描述令我由衷赞叹。）

几天后，孩子们的三分之一形真的出现了……

（三）第三次尝试——随机产生的创新搭建

建筑区里，圆圆拿来奶粉桶三个为一摞，很快搭起了一个大桥墩，紧接着锁扣搭桥面："我们的双层桥很坚固。""双层就是太高了，怎么搭拐弯呀？""……我们明天再搭拐弯。"两个孩子正说着，'哐啷、哐啷'，下层桥接连两块桥板掉落，斜立在地垫上，圆圆走过去，蹲下，迅速恢

复成原样，手刚离开又掉了，他一只手托起桥板放下再托起再放下，转身抱来露露罐桥墩，放在两个大桥墩中间，紧接着放上一个横梁，又托起地上的桥面放到横梁上试了试，桥板向下滑，他用手挡住，从身边拿起两个长方体，放在桥板下面的横梁上，桥板没有再向下滑，他轻轻舒了口气。

游戏结束时，孩子们围了过来："快看，这桥可真漂亮，有下坡了，去动物园的桥就是这样的……。""我也见过这样的桥，你也见过吧圆圆？"豆豆很是认真。"我搭的是三分之一形的桥，……就是去动物园的桥。"圆圆认可了同伴的想法。"圆圆可真棒，可以下桥了，我们明天还搭上坡的呢，有下坡就有上坡。"浩浩不停地说。

孩子们这样想的，也是这样做的。几天后，圆圆他们的上下交错桥摆在我们的眼前。

（四）第四次尝试——有备而来的探索搭建

"浩浩，我们今天给高桥搭分叉。"圆圆和小恒、浩浩进入了建筑区，继续着昨天的搭建。"什么分叉？昨天咱们的桥搭太高了，六个老翁罐搭拐弯总是倒你忘了吧。"小恒说。"对呀，我在家使劲使劲使劲地想，终于想出了一个好办法'分叉'。圆圆边说，边把两只胳膊左右分开伸向斜前方："就是这样，像树一样分叉，明白了吗。""是，圆圆！那咱们就开始行动吧。"

圆圆拿来了两个奶粉桶，左右各一个放到高桥的前方，又抱来不少的老翁罐，两个一摞分别放在了奶粉桶的上面，紧接着在上面放上

一个二分之一长条积木作为横梁，在横梁的上面再摞上左右各两个老翁罐，上面再一个横梁，所有的动作一气呵成。圆圆看看与高桥几乎一样高的桥墩："我的连体桥墩搭好了，快，给我点大长条积木搭分叉。""我来搭另一个连体桥墩。"趁圆圆搭桥面的功夫，浩浩学着圆圆的样子搭着另一个桥墩和桥面……。

（五）第五次尝试——有计划有目的的快乐搭建

"齐老师，今天我们要搭一个新桥——中间就一排桥墩的分离车道。""分离车道？""对。是不用费事搭拐弯的桥。""好，按你们的计划去做吧。"我微笑着说。

建筑区的孩子们，果然只搭了中间的桥墩，两个奶粉桶一摞，前后摆了两摞。圆圆拿起两个长条积木，平铺在桥墩上，又拿起两个落在上面："双锁扣。"紧接着，他又在横梁上与下面桥墩对齐的地方再落上一组桥墩，扭头他对同伴说。"咱们一起搭分叉的桥面吧。"见同伴正忙着，圆圆干脆左右手各拿一块长条形积木，小心翼翼地分别斜放在桥墩的两边，再放、再放，这时，小恒赶来帮忙："咱们可要一起放积木……。""我知道，要保持平衡。"……

个人回顾时，圆圆邀请了我："知道老师最欣赏你们什么吗？互相帮助、爱动脑筋和专心做事、坚持到底。"孩子们笑了。

孩子们做完自己的事陆续来到建筑区："我们今天新的搭桥的方法，就是分合合分法。"圆圆看看我们大家接着说："下边的桥先分，巨大桥墩在中间，两边的桥同时锁扣，要保持平衡……。""上面的桥先合再分像个桃子一样。是我们一起想出来的办法。"浩浩抢着说。"两个分开的桥就直接拐弯了，省得一起拐，麻烦。"小恒补充说。"对，

这是我们不用许多拐弯的桥。"说完，孩子们都笑了起来。

我的反思

游戏时间，我喜欢静静地坐在一边看着孩子们发现问题、解决问题，享受着他们探究活动的过程，以及他们的成长。这次搭建从拐弯到"拐弯"的变化，反应了孩子们在体验探究过程和运用数学解决实际问题的过程中，获得了丰富的感性经验、发展了形象思维；初步尝试判断、推理，发展了逻辑思维能力。反应了孩子们在与同伴交往过程中，良好学习品质的建立及社会性的发展。

学习品质的发展

幼儿在活动过程中表现出的积极态度和良好行为倾向是终身学习与发展所必需的宝贵品质。积极主动、乐于想象和创造等良好的学习品质，在活动过程中体现的淋漓尽致。'车掉下悬崖'出现了问题冲突，引起了孩子的最大兴趣，促使他相信自己有能力和同伴一起完成他们自己的心愿——搭拐弯。

'锁扣''分叉''连体桥墩''上下桥'等词的创造与运用，来源于孩子们的原有经验，建构于他们的游戏与创造，在解决问题的过程中，孩子们不怕困难、敢于探究和尝试，使经验得以提升，同时，使班里其他孩子看到了搭建桥的多种方法，拓展了思维，发展了兴趣。

在合作搭建过程中，孩子们出主意、想办法。圆圆作为孩子们口中的'大王'，带领着同伴，为了完成他们共同的游戏目标，相互倾听、相互交流、从他人角度想问题、适当地坚持和妥协。

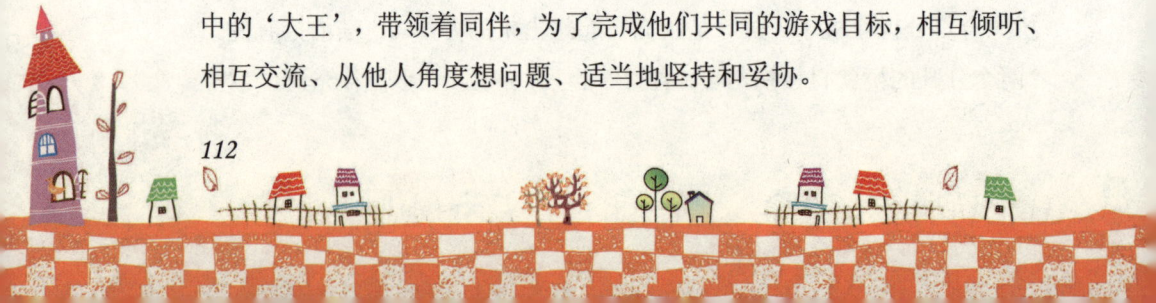

科学数学的发展

通过真实的问题情境解决问题：搭拐弯用数数的方式'估算桥墩'、'二分之一、三分之一''分合合分'等，说明幼儿以合作方式来解决拱形积木不符合需要的问题。幼儿在运用数学解决实际生活问题的过程中，获得了丰富的感性经验，感受了事物之间的关系：整体和部分，三个桥墩（三脚架）与桥稳定性关系，同心圆的周长一个一个递增的关系。这个过程既有插陀螺的经验迁移，又有面对新问题的新的解决办法，充分展现了幼儿观察、分析，判断、推理等思维能力的发展。

孩子们的发展，说明了他们是有能力，有潜力，有智慧的。他们从最初的整体拐弯到两部分、三部分的拐弯，从平面的搭建到有上、下桥的三维设计到目前的分合合分设计，从亡羊补牢、临渴掘井到防患未然、未雨绸缪的搭建过程让我对《指南》为什么让我们关注幼儿的学习方式有了更深的理解，让我更加意识到，创设丰富的教育环境，给幼儿宽松的时间空间，最大限度地支持和满足幼儿游戏和发展需要的重要性！

接下来孩子们又将会做些什么呢，我带着好奇拭目以待……

圆圆家长的反馈

圆圆妈妈告诉我，当得知圆圆在幼儿园喜欢搭桥游戏后，家里放弃了为客厅添置沙发的计划，给了孩子整整一间房的空间供孩子游戏，她常常看到圆圆利用奶奶吃药剩下的药盒等废旧材料当桥面，椅子板凳当桥墩搭建大桥，但从不去干涉，为了扩大孩子的视野，丰富孩子的搭建经验，在外出游玩时会和孩子一起远望近观各式各样的大桥，听孩子讲一讲对大桥的理解，回答一些孩子的疑问。面对如此专业的家长，我们做教师的又怎敢不努力。

因教师的引导，刘若辰对桥梁建筑非常关注。作为家长给孩子提供各种条件帮助她实现她的兴趣。第一，家里提供大得空间。我家一间房子是榻榻米，场地开阔，客厅沙发一直到现在才买，因为宽阔空地大适合孩子活动。大空间 孩子可以把桥搭的非常长，他感觉到有气势，很有成就感。第二，孩子喜欢大得材料，小积木气势较弱。所以准备各种轨道玩具（5 六种不同材质、不同设计的）。孩子还特喜欢用各种药盒搭桥，比他个子还高大的沙发靠背搭桥，搭房子，为了怕孩子着凉准备的泡沫垫子也成了他搭各种东西的材料。

孩子 在搭各种东西时遇到最大问题是，支撑的材料问题。一般用桌子、餐椅、自行车。但是效果他都不满意。

另外孩子主动要求周末去看桥，各地各种各样的，照了照片打印出来。在旅行途中孩子眼中有了关注点，不仅有了观察还有了思考。感谢老师的引导。

齿轮转转转（大班）

开学了，孩子们和我一起整理班级物品。发现了由拼插玩具插成的正方形笔筒。"老师，我也会插。"孩子们的兴趣很是高涨。"老师，你看，这里还有许多轮子呢。"豆豆的新发现，吸引了不少孩子的目光。

这套玩具是由一些大小不同的轮子（齿轮）、轮子的底座和一些大小不同的链条组成的，只可惜没有拼插图。红、黄、蓝、绿鲜艳的色彩，舒服的手感，一下子吸引了孩子们，每天先吃完饭的孩子总会端来这筐玩具，你插一个完全封闭的正方体，我插一个不完全封闭的长方体，再插上一只齿轮转一转，在另一面再插一个轮子，再转一转，再多转一会儿，放下，离开，连日来，孩子们一直保持这个状态。

一次和幼儿游戏分享时，我拿起有齿轮的笔筒问孩子们："这个玩具还能怎么玩呢？"由于孩子们都玩过此游戏，所以他们一下子热闹起来，豆豆说："我想给笔筒的每一边都按上轮子。"妞妞说："我想让两个挨着的轮子转起来。"皮皮说："我想让许多轮子都转起来，可是不行。""老师，我看见院子里滑梯上有许多轮子能一起转起来。"皮皮和彤彤的话引起了孩子们的极大兴趣，随着彤彤的指引，我们迫不及待地来到院子里的大型玩具前，只见在组合滑梯的拐弯处，

有六七个轮子连接在一起，形成一个英文字母C："我玩儿过。""我也玩儿过，我老玩儿。"孩子们忍不住跑上去，这个转转，那个转转，高兴极了，我知道,孩子们今天的玩与以往的玩是有很大区别的。"老师，我们家战兽玩具上有齿轮，真的，好玩极了，一转战兽就可以走。""我妈妈自行车上也有齿轮。""表上也有，对吧？"……

于是，在接下来的日子里，孩子们对齿轮玩具的热情进入新一轮的高潮："老师，我能让27个轮子转起来。""老师，我能让所有的轮子一起转。""老师，一串小轮子可以转起来，有大有小的也能一起转。""老师，一个齿轮和两个齿轮连在一起有时会卡住……。""老师，我能插出太阳放光芒嘞！手柄安在太阳上更好转一些呦。""放在光芒上呢？""我试试，好像沉一些喽……。"

一天小宇在玩齿轮游戏时，插成了一个封闭的长方形，小宇很高兴地为我表演了他的成功之作："老师，我插了一个会动的镜框。"当他转动齿轮时，意想不到的事情发生了，没封闭时还转动顺畅的齿轮现在却一动不动了，小宇挨个把齿轮按了按，意在整理，再次尝试转动，还是不行，又拆开一转，所有的齿轮都顺畅的转动起来，再次把轮子连好，又卡住了。"奇怪，只能拆开了。"他看看我。"怎么会这样？"我问。"因为它们是不能连着的。"他比划着。"连上就一定不能转吗？"问题是提给孩子们更是提给我自己的。一旁的龙龙听了我们的讨论也开始探究封闭的齿轮是否能转动起来，这时，皮皮从他身边经过："转不了，我试了，只能转动一点点。""是吗？"龙龙习惯地歪着头看他，然后继续他的工作，显然，他的反问并不需要同伴的回答。不一会儿，四边形插好了，齿轮也连在了一起，他从玩具筐里拿出一个摇把儿，用力插在角上的一个齿轮上一摇，所有的齿轮都转动起来了："老师，你看，他们都转起来了，我说行吧，老师，我很棒吧。"他的兴奋已写在了脸上。我微笑着摸摸他的头。"我看是不是都连上了，齿轮可一点缝也不能有呀。"皮皮显然并不相信，他十分认真地看着，我此时也检查了一遍作品，确认连接上没有任何问题。此时，不少的孩子围了过来："我

转一个，真的能转，龙龙你可真棒。我也插过，可是总是卡住。""我插的时候也是卡住。"小栋也很奇怪"我也是这么插的。""我要把它放到展示台上去。"龙龙有些得意。俗话说乐极生悲，本来插的就不太结实的齿轮一下子散成了几节，掉到了地上，于是他只好重新拼插，虽然多出了一个齿轮，但总算又插好了并放到了展示台，奇怪的事情发生了，当他再转到时，齿轮卡住了："在木头桌子上才能转。"他指指展示台上的塑料台布："塑料的转不了。"可当他小心翼翼的再次回到桌子上时，齿轮仍然被卡住："我知道了，刚才的齿轮都是新一点的。"于是，他揪下来一个旧齿轮，换上一个同样大小的新齿轮，再试，齿轮像是成心给龙龙难堪，还是一动不动。他叹了口气："只能重新拼了。"像是对我也像是对自己。"对了，刚才没有这个最大的，我怎么忘了……。"龙龙的镜框再一次转动起来。

　　一天的游戏时间，皮皮的再一次拼接齿轮，仍然没有转动："怎么搞的。"显然他有些泄气。一旁的我决定要抓住这个时机，利用剩下的齿轮也插好了一个封闭的四边形，试了试无法转动，旁边的孩子们都笑了："齐老师插的也转不了。""为什么？为什么呀？"我边说，边把展示台上幼儿插成功能转的齿轮相框和皮皮和我插的齿轮都摆在了一起："我看看跟能转的有什么不一样。"我企图引进孩子们间的相互学习，这一来，孩子们都围了过来，这个说大小不一样，那个说颜色不一样，翘翘说："齿轮的多少也不一样。""那我们数数他们都是多少。"数来数去，他们终于数清楚了："能转的是 16 个，老师的是 15 个，皮皮的是 13 个。""老师，我知道了齿轮越多就越转。"皮皮马上若有所思的说："是单双数吧，你看，我和齐老师的都是单数，都不转。"……"真的，为什么呀？我试试……"。小朋友在转齿轮，皮皮站在一旁静静的看，终于皮皮恍然大悟高兴地说："我知道了，两个挨着的齿轮转的方向不一样……。"

搭圆形的房子——天坛"祈年殿"（大班）

▶▶▶

　　大班幼儿常常表现出令人吃惊的搭建能力，他们灵活地运用各种材料去创造性地表现生活和他们对于某种形象的喜爱，在搭建活动中，他们比中小班的孩子表现出更加长久的专注与坚持，他们能够自己独立或在成人、同伴的帮助下解决搭建过程中遇到的各种问题，并有了较强的合作搭建的意识，与同伴一起去表现一个更为壮观、更为复杂的主题场景。

　　我的第一个支持——接受孩子们的主题搭建，投放了足够的低结构材料

　　一直热衷于搭建圆形房子孩子们，在外出参观老北京房子时，被街边施工围墙上的祈年殿宣传海报所吸引，决定在建筑区搭建祈年殿。显然，他们对自己要做的事情有了些计划性。因此我要以发展、前瞻的眼光看待他们的活动，使之有创意地进行学习。作为一名教师，除了提供材料辅助他们学习以外，在他们需要时要以与幼儿平等的身份参与活动，提一些供他们参考的建议；帮助他们解决一些解决不了的问题，同时还要起到组织协调的作用。

　　用积木搭建祈年殿，多么大胆而又可爱的设想，我知道，孩子们

突然热衷的行为，往往是符合该年龄孩子发展水平的新的需要的，它源于会说话的环境，源于孩子们的原有经验——正因为孩子们对一直搭建着的"圆形房子"有着丰富的经验，生活中一旦出现与之相关的事物——'圆形的天坛'一下子就唤起了孩子们的原有经验，他们的计划是否能够发展，有赖于教师的引导，显然，跟随并支持幼儿的兴趣进行主题搭建，刻不容缓。

　　我的第二次支持——与幼儿平等的身份参与活动，调动幼儿原有经验

　　搭建天坛对于孩子们来说并不轻松，在执行计划时对于复杂的结构有些无从下手：怎么搭呀？我参与了孩子们的第一次集体讨论。"我们为什么要搭祈年殿呢？"我以同伴的身份参与讨论，试图放大孩子们的兴趣，巩固搭建计划，"因为它很漂亮，我去过，齐老师你去过吗。""有时间我会去的。"我认真回答。"它是最圆的房子了……""和别的房子不一样，它是圆形的楼房……"。"既然是圆形的楼房，那我们就好办了吧……。"我把语速放慢了一些，给孩子们一个思考的时间，孩子们会心地笑了："我知道了，把我们的圆形房子搭高一些就行了。""搭那么高……"冬冬踮起脚跟伸长胳膊比划着，"对对。""那它不会倒吗？"我提出第二个问题试图再次调动孩子们原有经验。"那得把最大的积木放最下面。""说的真好，大的在下面比较稳固。"我鼓励着。"每一层的积木要一样高才好搭。""平衡很重要。"我表示赞同。"两块挨着的积木要斜一点放才能组成圆。""一定要圆

一些。"我笑了笑。"一、三层积木要对齐，二、四层积木也要对齐。""整齐了才美。"我点点头……孩子们你一言我一语总结着他们一直搭建着的圆形房子的经验。……"别忘了，有时间和爸爸妈妈一起去天坛公园好好看看我们的祈年殿啊。"我最好没忘了给孩子们提着建议。

大班幼儿思维活跃，主意办法都比较多，而且有一定的动手操作能力，有搭建圆形房子的基础，此时设定主题搭建，可以同伴间的有效互动促游戏的顺利开展，促活动化的共同学习。

我的第三个支持——通过个人、小组分享解决孩子们遇到的问题

明确了搭建主题后，孩子们先后克服了许多困难，并从中获得收益：延续之前的个人搭建，出现了通过测量平均分配场地的活动；个人搭建，又出现了搭建作品太小，积木不够的问题，通过小组回顾，同伴建议"搭建属于我们大家的圆形房子"， 一个小小的建议与欣然的采纳，使孩子们对合作有了更深刻的理解，决定一起搭。

共同的搭建主题使孩子们的合作游戏进入了新阶段，改变了以往他们在一个区域里各自为政的现象，看到孩子们行为的发展，这使我很是欣慰。不再是表面上的坐在一起玩儿，而是为了一个共同的目标做共同的努力。显然，在大家都关注的同一主题下的探索活动，在必要的时候进行同伴交流和表达，鼓励以群体之间的相互影响来建构有个人特点的知识经验效果令人欣慰。

用彩泥捏出来的精彩

▶创作忍者

孩子有多棒，就看成人对他的赏识、支持有多大。我们班的孩子非常喜欢并热衷于用这些五颜六色的橡皮泥捏塑出各种不同的造型。开始他们的兴趣也是停留在塑造独立的形象上，但随着他们塑造的形象越来越多，越来越丰富，他们开始会给这些形象赋予"生命力"，如给他们起名字、把他们组合起来讲故事。

有一天，一个幼儿对我说："老师我们要能创作动画片该有多好呀"，听到孩子们这样说，我们马上支持这个创意，我们利用电脑技术支持幼儿讲自己编的故事，孩子们运用自己创作的卡通形象开始创编，从场景的布置到主人公的形象、细节的处理，都是孩子们自己塑造，自己做剧本，自己当导演，自己配音的，在《新编小熊请客》故事里孩子们成功的塑造了一只热心肠的小狐狸，每当有客人老师看到他们的动画时，孩子们都会非常自豪的介绍到："看，这是我们自己拍摄的动画片，这只狐狸它已经是一只好狐狸了！"

就这样孩子们在有了一定的塑形经验后，他们不满足仅仅是仿照图书形象进行捏泥活动，而是开始尝试自己创新，塑造出自己喜欢的造型和卡通形象。

在孩子们制作动画一段时间后，孩子们也会欣赏自己的作品，有一次班中的一个男孩子趴在窗台上欣赏自己的作品后突然对我说："马

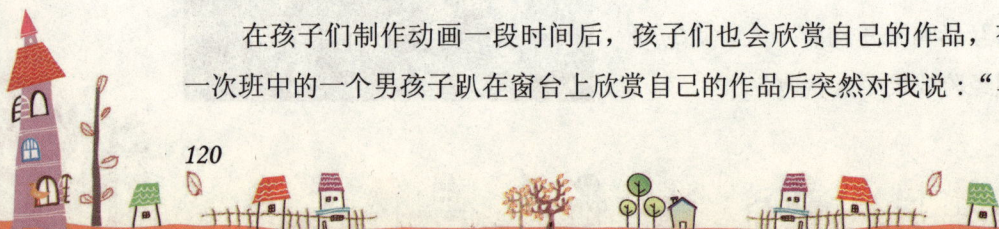

老师，我的小人放到盒子里变得暗了，看不清小人的表情了，能您不能帮我在盒子里放一个小灯呀？"听了孩子这样说我知道他们开始关注作品展示的效果了，于是我和他聊了起来"小灯？什么样的？怎么放呀？"，旁边的孩子听到我们的谈话也加入了进来，琪琪说："我帮你在盒子里画一个吧！""不好，那是假的，我的小人的表情还是看不清楚呀？"谢宥旭说。"那就只能用真的电灯了，就像我家爸爸酒柜上面的展示灯一样，一开整个柜子都亮了。"在一旁的妮可说。听着孩子们说我的脑子也在飞速的运转，作为老师就是要帮助孩子们完成自己的想法，可是一个废旧的盒子要安装上像酒柜一样的装饰灯一时我还真没有什么好办法。就在这时孩子们问我："马老师，你有什么好办法吗？"这个问题让我的脸一阵烫，不知怎么回答，但是我脑子里的"小人"告诉我即使不知道怎么办也不要马上否定孩子的想法，等待也许会有惊喜，于是我对孩子说："马老师也在想呢，怎么样能让展示盒亮起来，让小人的表情看清楚呢？""要是真的小灯泡才行呀。"谢宥旭补充道。小灯泡，小灯泡班里的科学区就有呀，我的脑子里马上出现了班中科学区小灯泡亮起来的活动，于是我对孩子说："要用到小灯泡，我们班哪里有小灯泡呀？""科学区呀！"孩子们齐声说，谢宥旭飞快的跑到科学区取来了电路说："老师，这个行吗？""试一试才知道。"我说。谈话到这里结束了，孩子们开始了实验，到这个时候我也不确定展示盒亮起来的这个挑战是否能成功，但是我知道相信孩子是一定不会错的，只有在不断地探索中才会有发现，就算这

▲操场上快乐的游戏

▲操场上快乐的游戏

▲快乐的生日聚会 ▲排队小便的男孩子

次实验没有成功我想这样的尝试也是值得的。

第二天惊喜果然来了，活动区时昨天的几个孩子如约来到了科学区，我悄悄地跟在他们身后想看一看这个挑战孩子们怎么完成，谢宥旭很快连接了一个完整的电路，小灯泡顺利的亮了起来，孩子们一阵笑声过后妮可说："展示灯应该在盒子里面。"很显然妮可昨天回家观察了爸爸的酒柜，孩子们听到妮可这样说从美工区拿来了胶棒将灯泡座粘在了盒子的里面，但是孩子发现灯泡座太沉了胶棒粘不住，妮可说："胶棒不行，用白乳胶吧，粘果壳画的，果壳是硬的，木头也是硬的肯定能粘住。"说完又从美工区拿来了白乳胶，但是还是不行，"不行不行，拿双面胶吧，然后在用透明胶粘一下，两个一起用肯定行。"谢宥旭出了个主意，这个果然成功了，两个孩子高兴了好一会后说："下面咱们就把小人摆上就行了。"孩子们分别拿来了自己做的小人和盥洗室的物品，可是问题也跟来了，在摆的时候他们发现盒子的大部分空间被灯泡、灯泡座、电线和电池所占据了，他们的小人根本站不起来，而且盥洗室里的大部分东西没有地方放了，孩子们找到我给我讲了所有的一切，我再一次看到了孩子们失望的表情，这表情让我感到心酸。

我开始做着强烈的思想斗争，是我用成人的经验告诉他们呢？还是让他们继续挑战成功，体会成功的喜悦？还是继续保留孩子的问题等待明天的挑战呢？对于两个年龄不大的孩子能够不怕困难连续几天面对挑战这样的精神让我感动，我又怎么忍心再次看到他们失望，但

▲新闻播报时间

▲整洁、有序的盥洗间

是成人的经验再好也不是他们自己的，我想起一句话"我们不要辛辛苦苦剥夺孩子们自己思考的权力，成人永远不能代替孩子习得经验。"

于是我对孩子们说："呀！你们太棒了，你们自己想办法连接了电路而且还成功将小灯泡粘在了盒子里，我怎么没有想到呢？""可是老师，灯泡是放进去了小人没有地儿了。"谢宥旭说。"妮可，你家酒柜里的灯泡放进去了那酒还能有地方放吗？"我再一次将问题还给了孩子，同时也期待着他们的反应，妮可马上说："对，没事谢宥旭，我今天回家再看看我家的酒柜，明天肯定就行了。""好吧！"谢宥旭爽快的答应了。看到孩子的对话我松了一口气，还好孩子们的兴趣还在，还有机会，我的心里在默默地为孩子们加油："好孩子千万不要放弃，成功就在不远处。"

在离园的时候我找到妮可的妈妈将两个孩子这几天的活动讲给了妮可妈妈，并告诉她今天妮可回家会观察家里的酒柜请您在孩子有问题的时候给与支持。

第二天的活动区两个孩子又来到了科学区，这次妮可说："谢宥旭我昨天回家看了好半天，我家酒柜的灯泡在一个洞洞里，电线什么的从洞洞里伸到外面去，不沾酒柜里面的地方。""那咱们也把盒子弄个洞洞吧。"谢宥旭说。两个孩子在老师的帮助下把厚厚的纸盒上掏了一个洞将小灯泡向下插进了洞里，盒子亮起来了而且电线和电池也成功的留在了盒子外面，两个孩子高兴地叫了起来，之前的志忑、纠结、矛盾、伤心在那一刻都显得苍白，就像时间停止了一样，孩子们的欢呼声和灿烂的笑容永远的留在了我的脑海里。

过了几天妮可的妈妈说："老师妮可回家非常兴奋的和我讲了她在幼儿园做了一个像家里酒柜一样的展示盒，先开始我只是觉得孩子通过努力完成了自己想做的作品，但是这几天我发现妮可在其他地方也有不小的改变，以前在家她会依赖我们家长做事情，现在妮可要求我们帮忙的事情明显少了，在我想帮助她的的时候她还会和我们说不用我自己弄。而且就在昨天妮可奶奶说她养的花总是死，怎么也养不活的时候，妮可居然和她奶奶说，奶奶您别着急不要放弃，只要您想办法再试一试就一定可以把花养活。我觉得我真的是小看幼儿园的活动了，一个小小的活动改变的居然是孩子的习惯，我相信妮可有了这样不怕困难的学习习惯以后上小学也很顺利的，老师真的谢谢您。"听了家长这样说我的心里感到暖暖的，于是我对妮可妈妈说："其实我们应该感谢孩子，感谢她们的陪伴，感谢她们带给我们感动。"

通过这次和孩子们探索、互动，我感到和孩子们一起生活，真是件很幸福的事情，她们的行为会时常感动你，她们所表现出来的创造力，永远超出你的想象。

孩子们的想法会不断发生变化，我们只要细致观察，及时捕捉幼儿活动中最有创造力的行为时会发现每一个孩子的闪光点，其实当我们真的倾下身，看孩子游戏、听孩子表达说话，你会觉得是非常有趣的。孩子们的智慧让我们敬佩，他们的童真让我们感动，他们善良也在不断的教育我们成人。

▶自豪的小小升旗手

和"丽莎"一起旅行（大班）

▶▶▶

　　第一天早餐过后，牦牛在美工区的废旧材料前盯着看了许久，拿起了一个圆形的蛋糕盒子，看了又看。然后恍然大悟的"哦！"了一声，他拿来了乳胶、剪刀彩纸等一系列的工具，对照着自己的计划开始在彩纸上画起了 u 形的图案，沿图案边缘剪了下来，然后用胶棒固定在了圆盒的两边。

　　回顾的时间到了，牦牛高高的举起了自己的小手，"我做的是一只色彩王国的乌龟。"他自信的像小朋友们介绍着他今天的作品。"你的这只乌龟胳膊太薄了，根本划不动水吧！"孩子们被小醒的话逗得哄笑起来，"而且也不像色彩王国里的啊。"显然孩子们对牦牛今天的作品不太满意，"我还没有做完呢。"牦牛有点难为情的解释道。

　　"我觉得你可以用报纸做个四肢，就像咱们之前做的花瓶一样，

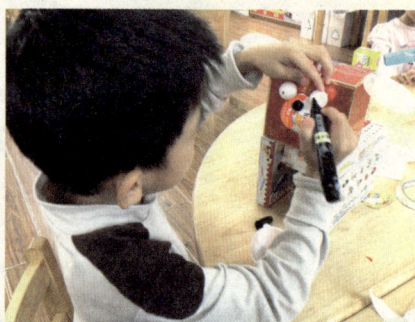

这样小乌龟的四肢就有肉了，不会那么'瘦'了。""还应该涂上漂亮的颜色，色彩王国里的东西都是五彩缤纷的！"孩子们踊跃的说着自己的好点子。

第二天，牦牛继续选择了美工区，他先拿来了报纸，弯成了u型，固定在圆形盒子上，然后继续做好了三个同样大小的u型纸板，对应的用宽型胶条粘在了"龟壳"的底部。接着用刷子蘸着乳胶刷在了龟壳上，盖上了餐巾纸，然后重复着这一工作直到整只乌龟都被餐巾纸覆盖住。

第三天，牦牛选择了其他的区域游戏，"你怎么没有继续做小乌龟啊？"我好奇的问，"因为它还没有完全干透，还不能上色。"他平静的回答。第四天，牦牛继续选择了美工区，拿来了水彩笔和丙烯颜料，先用水彩笔将乌龟分割成小方块，然后用丙烯颜料装饰了每个方格，为色彩王国的小乌龟穿上了漂亮的衣服。完成了自己的作品。"这真是一只真正的五彩斑斓的乌龟啊！"孩子们在回顾的时候对他的色彩王国的小龟赞不绝口，大家都非常喜欢这个作品。

什么样的学习在这里发生

牦牛运用原有经验，第一次创作出自己作品，让我惊喜万分！他对利用废旧材料加工很有兴趣，在兴趣的驱使下自发开始完成创作。并能接受小朋友间的建议，调整完善自己的作品。

牦牛按照自己的计划完成了作品，并且合理的规划了时间，没有浪费每一次的区域游戏时间，有计划的做事情是个良好的学习习惯。

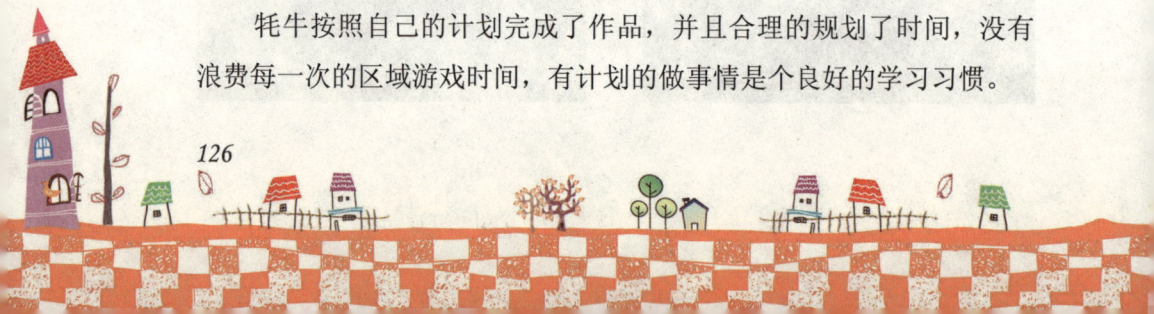

事实上，牦牛做事很有坚持性，能坚持完成自己的创作，历时一个星期的创作，对刚刚升入大班的孩子来说是一次非常大的挑战！

牦牛的学习态度一直都很积极，最终完成也强化了他的成功体验、自信和积极的学习态度。对他而言，成功不仅仅在于制作了一只小乌龟，更在于整个创作过程中，通过亲身的感受和体验，进行着有意义的自我建构。

同伴的反馈

牦牛的作品引发了我们班更多孩子的兴趣，他们用不同的形式表现着自己心中丽莎旅行里的事物，拼插区生产的彩色王国的建筑，废旧材料做的机器王国的猫和狗，眼睛王国的国王和眼睛巨人，孩子们带着我们走进了一个又一个王国，自己创编了一个有一个精彩的故事，表演区的孩子们也兴致勃勃的加入了这场旅行。

家长的反馈

看到孩子的作品，我十分欣喜，看来他还真是个很有想法的孩子，他还给我讲述了《丽莎的旅行》这个故事，并且告诉我这是色彩王国里的小乌龟，难怪这个乌龟和我见过的是那么的不同呢。更让人惊喜的是，他历时一个星期才完成了这个巨作，听老师介绍他对整个制作过程都很有规划，既没有耽搁进度，也没有浪费时间。我想，在整个过程中老师肯定一直在时刻关注他的进展，给予了他很多的鼓励与支持。

牦牛在完成了他的第一个彩色王国小乌龟后，又提出了很多关于各种王国的设想，据说下一个伟大的创作是一只色彩王国的大象！期待着这只色彩小象快快与我见面！带我也一同走进他的世界。

辰辰与小饼屋（大班）

观察对象：辰辰（5岁）　　　　　　　　观察时间：2014年10月

发生了什么：　大三班的辰辰选择了在小饼屋游戏，她先戴好围裙、洗干净手。按照墙饰上图片的提示拿出小盆舀了两勺油，两勺糖，小心的打了一个鸡蛋，然后用打蛋器搅拌均匀，用大勺舀了一大勺的面粉继续搅拌。她做的很小心，也很慢，每个步骤都看看图示。然后她用手开始揉搓面团，面团黏糊糊的，她的小手粘上了许多，她笑嘻嘻的对一旁的萌萌说："萌萌，谢谢你，快来救救我，我被粘住了。给我手上洒点面粉。"萌萌帮她洒好了面粉，辰辰用最快的速度把面团揉好，然后到水池边洗手，还用小刷子刷掉指甲缝里的面糊。回来以后她和萌萌开始揪小面团，在烤盘里压扁，在上面撒上芝麻。做完这一切事情，她们好开心的把烤盘端给我，请我放进烤箱里帮她们烤熟。

一会儿，香味飘了出来，几个小朋友围了过来问："辰辰你们今天做的什么呀？"辰辰笑着说："芝麻饼干。"牛牛说："可以给我尝尝吗？"辰辰高兴的点头："恩。都给你们吃。"饼干一出炉，小

朋友们都等不及了，一人一块吃了起来，"好吃。""好吃。"大家一片称赞，辰辰得意的笑了起来。这时，乐乐说："没有我妈妈做的好吃，都不甜。"辰辰自己也拿了一块品尝了一下，不好意思的说："挺好吃的，就是有点干，喝点水就行了。"婷婷也说："是有点干，我也喝点水就好了。"大家很高兴的去喝水了。

辰辰有可能学习了什么：

第一，辰辰通过看图示的指导能够自己做出面团，说明她有很强的观察能力和读图的能力，有自己制作饼干的兴趣和愿望。小心的打鸡蛋并搅拌均匀，蛋液没有洒出来，说明她有较好的控制身体的能力，而且能自己思考着做事情。

第二，当发现自己手被黏糊糊的面团粘住了无法自拔，她选择了向同伴求助。虽然被黏住了场面很尴尬但她心情还很好，保持幽默，并使用了"谢谢"这样的礼貌用语。还有因为饼干太干难以下咽去喝水。这些说明她在积极的想办法解决出现的问题，并具有较好的语言沟通的能力。

第三，当小朋友品尝她的饼干并给予了不同的评价时，她欣然的接受，在获得了自信和成就感的同时，她也能够自己评价出"饼干有点干"。这些说明她情绪很稳定，愿意主动与人交流，并能够客观的认识到饼干存在的不足。

第四，和面团的时候知道了面和软了再加面粉就会变硬了，这个生活常识。

下一步怎么做：

老师提供的图示，只是基本的操作步骤，并没有具体的分量说明，孩子在探索如何和面时会从实际的操作中获得一些经验。我没有干扰孩子的探索活动，给她们更多次尝试的机会但是孩子在品尝后可能自己会发现一些问题，做出调整。

发生了什么：

第二天乐乐带来了和妈妈一起做的饼干，给小朋友品尝。喝水的时间，小朋友们都品尝了乐乐妈妈做的饼干。"真好吃。""比我们

做的饼干好吃。"辰辰说。"老师，能让乐乐妈妈教我们做饼干吗？""对，让乐乐妈妈教我们做。"孩子们的提议真不错。于是我联系了乐乐妈妈，安排了一次"家长进课堂"的活动。乐乐妈妈从打鸡蛋开始，一步一步的演示了制作饼干面团的方法。"糖要和油搅拌到完全融在一起，鸡蛋要用打蛋器打发，加入面粉揉均匀。面粉不能多也不能少，少了粘手，多了饼干就会硬了。放面粉以后要用手轻轻揉面，不能像打鸡蛋那样使劲的划圈。"辰辰看的特别认真，用心的记着乐乐妈妈的话。这次的饼干确实很好吃，乐乐妈妈还给我们留下了制作饼干的菜谱。活动结束以后，辰辰赶紧到美工区和萌萌说："我要把今天的饼干怎么做的画下来，下次就这么做。还可以让没来的小朋友也知道怎么做好吃的饼干。"萌萌也觉得这个方法好，就和辰辰一起画，一会儿乐乐也参加到画画的行列中了。她们画了许多张，按步骤订成一个大画册，还让我帮她们把制作方法的文字记在画的下方。辰辰说："那个面粉放多少来着？老师你帮我看看菜谱。""好的"，我帮她们读着菜谱"黄油 50 克，糖 80 克，面粉 200 克……"辰辰在画的小油瓶的旁边写上 50，在画的小糖罐的旁边认真的写上 80……

辰辰有可能学习了什么：

第一，辰辰学习时非常的专心，能够认真倾听，并把自己获得的新知识马上用画记录下来。这说明她具有很良好的学习品质和良好的学习习惯。

第二，学习了一些烘焙的专用词汇"打发""搅拌""均匀"，

并使用动作来表现这些词汇。

第三，遇到困难时会主动寻求别人的帮助，积极想办法解决。

第四，会使用电子秤称量材料，并使用数字记录，表示各种材料的分量。

第五，读菜谱，知道菜谱与自己正在做的事情有关，知道制作饼干的正确步骤。

下一步怎么做：

在家长的帮助下，辰辰学会了制作面团的方法，下一步我将提供种类更多的食材和工具，也许孩子们会去尝试制作，添加一些新的元素到饼干中。

发生了什么：

在第三次的饼屋活动中，辰辰就按照这个方法来制作面团。她小心的用电子秤称量白糖和面粉。按着画好的步骤图一步一步的放材料，制作了黄油面团。还和小朋友一起用动物模具印出小熊、河马的样子。辰辰在小熊上面放上腰果，捏捏小熊的手，让小熊抱着腰果，再用牙签给小熊点上眼睛，鼻子，真可爱！

小朋友也都很喜欢小熊的模具，可是只有一个，不够用啊。我给她们提出了新问题，"不用模具能不能做出好看的饼干呢？"琪琪说："我

吃过猫耳朵饼干，一圈一圈的可好看了。"弯弯说："我还吃过熊猫样子的饼干呢？有黑的还有白的两个颜色的呢。辰辰你能不能做？"辰辰把求助的目光转向我，我并没有回答她们，而是带她们在饼屋里找有颜色的材料。孩子们找到了"橙子粉、绿茶粉、可可粉、红糖等有颜色的材料。"我说："咱们来试一试，哪个材料更合适吧。"孩子们开始热火朝天的动手做起来，选了自己喜欢的有颜色的材料，加到自己的面团里，辰辰选了可可粉。一会儿各种颜色的面团做好了。辰辰还用自己的巧克力面团和小朋友交换其他颜色的面团。辰辰用巧克力色和橙黄色的面团捏了小猫，还用绿色的抹茶面团给小猫捏了蝴蝶结。还捏了绿色的豆角，用黄油面团揉了豆子点在中间。其他小朋友们还做出了蜗牛、熊猫、小狗，飞船等等，各种好看的，口味各异的饼干。"让我尝尝你的。""我的最好吃。""我要带给妈妈尝尝。"孩子们沉浸在制作饼干的欢乐中，体验着成功的喜悦。辰辰说："小班的弟弟妹妹还哭呢，我要把好吃的饼干也给弟弟妹妹尝尝，他们吃了这么好吃的饼干就不哭了吧。"孩子们的心思真是细腻啊！

辰辰有可能学习了什么：

在这次的动手实践活动中，辰辰把想法变成了现实，使用有颜色的食材做出了有颜色的面团。说明她有较好的计划和实施计划的能力，

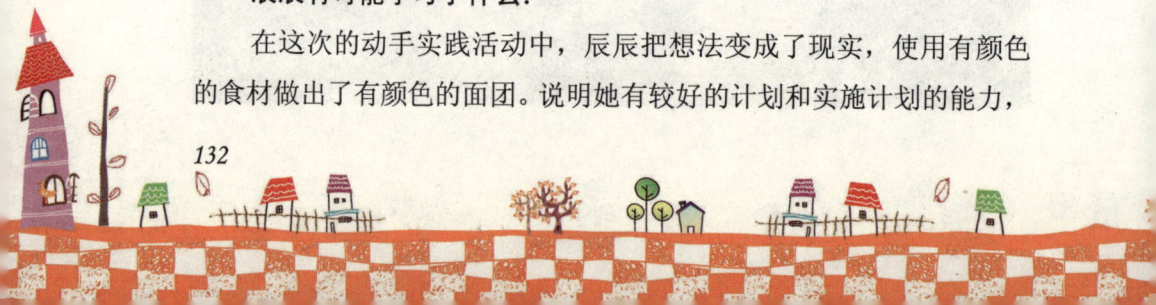

并总结了经验，改进了方法再实施。

在模具不够时，她用了平时玩橡皮泥的方法，手工捏制造型。说明她喜欢挑战，能积极的想办法解决问题，不断的克服困难，能坚持完成自己的计划。

在用自己的巧克力面团与别人交换时，显示出良好的沟通的能力，能够看出她在班级中有较好的人际关系。她能够想到小班正在哭的弟弟妹妹，说明她是个情感丰富，有爱心和同情心的孩子。能够理解别人的感受。

下一步怎么做：

饼干的制作成功了，也许我在小饼屋中再提供一些其他的食谱和工具、材料。孩子们能不能借鉴这次做饼干的经验，自己尝试做各种口味的蛋糕和甜点呢。我很期待她们的新产品哦。

家长的反馈

辰辰妈妈：辰辰你太棒了！你从小就很乖，很懂事，和什么样的小朋友都能很好的一起游戏。摔倒了也不哭，每天都是开开心心的。妈妈也希望你能每天都开开心心的，能多帮助身边的人。

这次老师给我讲了你做饼干的事情，你能想到弟弟妹妹的感受，要把饼干拿去安慰他们，妈妈很自豪，你真是个懂事的大姐姐。

老师让你把画册带回家，还给妈妈讲怎么做饼干，你的眼睛闪闪发光，小嘴巴不停的说了一个晚上，妈妈能感受到你的快乐。虽然妈妈不擅长烘焙，家里也没有烤箱，但是你的坚持很感动我，感谢老师告诉我你在幼儿园发生的事情。那么妈妈决定也买个烤箱，让你当"小厨师"给爷爷烤饼干当早餐吧，妈妈给你当助手好不好？

我们的小发明——机器人（大班）

▶▶▶

　　"老师，我今天要把我的机器人重新弄一下，它站不稳，总是倒。"诺诺区域活动前拿着自己的计划本对我说，"好呀！那你有什么好的方法能让它站的稳吗？""嗯……我还没有想好，我去看看美工区的材料。"说完，他便拿着自己的机器人坐在美工区的椅子上，看看自己的机器人，有看了看美工区的材料，他先用两块橡皮泥放在了代表机器人腿的盒子里，松开手，机器人还是倒在了桌子上。他又拿了两个瓶盖尝试粘在机器人的腿上当脚，也没有成功，经过几次的尝试，机器人还是没有稳稳地站在桌子上。

　　在活动区回顾的时候，诺诺说出了自己遇到的难题，请小朋友们帮他想想办法，"你这个是不是头太沉了？"诺诺摇了摇头，把机器人的头拿了下来说："你看，还是倒。"这时，乐乐说："啊，我知道了，这个机器人的退太细了，你看我的机器人，它的腿是这样的。"

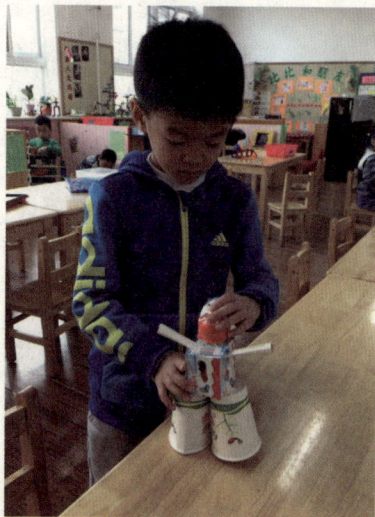

边说边把她的机器人拿给大家看，小朋友一对比也发现了这个问题，悦悦还有了新的发现，说："你的机器人的腿一个长一个短，所以它总是倒。"诺诺和其他小朋友也注意到了这个问题，"你把你的机器人安两个脚。""你把它的腿重新弄一下，用个粗一点的东西。"孩子们纷纷给诺诺出起了主意。

　　下午区域游戏的时候，诺诺又开始摆弄自己的机器人，他先来到

了材料柜前，看了看每个筐里的材料，拿了两个牙膏盒比了一下，觉得不合适就又放回了筐里，接着他看到了纸杯，拿了两个纸杯看了看，决定用纸杯做机器人的腿，把机器人的腿换好后，机器人果然稳稳地站在了桌子上，诺诺开心地对我说："老师，我成功啦！"

　　诺诺在遇到困难时没有退缩，坚持探索，并想到了寻求同伴帮助的办法，在大家一起商量的过程中，乐乐通过自己做机器人的经验发现了诺诺机器人的问题，孩子们也积极主动地调动自己的原有经验为诺诺出谋划策，在大家的帮助下，诺诺解决了自己机器人站不稳的问题。

　　经过一段时间机器人的制作后，孩子们对机器人越来越感兴趣，一有时间孩子们就会看一看、说一说班中各种各样的机器人，班中的机器人好像已经成为了班中的一员。天天带来的和妈妈一起发明的抽纸机器人很受孩子们的喜欢，孩子们特别喜欢从抽纸机器人身上拿纸用。一天，迪迪、乐乐和涛涛来到了美工区，迪迪说："我们一起做个机器人吧！""那我们也做一个像抽纸机器人那样的，我们在班里都可以用，多有意思！"乐乐边说边指着抽纸机器人，"好呀！"迪迪和涛涛赞同地说。"那我们做一个什么样的呢？"迪迪问，随后三个人看了看班里的各个地方，乐乐看到了前面的录音机，眼前突然一亮，说："做一个可以放音乐的，我在网上看到过。"迪迪说："那怎么做呀？"涛涛说："我知道了，用录音机就行，外面做成机器人的样子。""对，这样就可以，那个抽纸机器人不就是这样吗，那个纸就在肚子里。""好吧，那我们快开始吧！"乐乐走过来和我说："老师，我们想用一下录音机，我们要做一个能放

音乐的机器人。""嗯，可以呀，你们这个想法真棒！"说完，三个人开始动手制作起来，先是拿纸箱子比一比够不够大，把录音机放进了纸箱中，然后又选好了适合当机器人头的纸盒，这时乐乐说："这个都没法按了。"涛涛想了想说："那把前面给弄开吧。老师，您可以帮我们弄一下吗？""嗯，可以，要怎么弄呀？""把前面给弄开，要不然就按不了了。"经过了三天的努力，有更多小朋友加入，负责做外形的，负责装饰的，在大家的共同努力下完成了我们大三班自己发明的音乐机器人！

通过抽纸机器人，让孩子们知道了我们也可以自己发明一些简单的机器人运用到我们的生活中，音乐机器人的制作成功让孩子们更有信心。乐乐妈妈和我说："老师，乐乐那天和我说她和小朋友一起做了一个机器人，还可以放出音乐呢，还给我讲他们是怎么做的，跟我说的时候可兴奋了。""是呀，他们自己想出来的，特别棒，现在表演区的小朋友每天都用。"

现在我们班的机器人不再只是一个简单展示作品，而是运用到了孩子们的生活中，孩子们在机器人的陪伴下游戏，也使我发现，孩子们的智慧和创造是无限的，给他们更多的空间，他们会给我们更大的惊喜！

小球滚起来（大班）

观察对象：扬扬（5岁半）　　　　观察时间：2014年10月

插小火车轨道

升入大班后，你非常喜欢在地垫上玩那盒黄色塑料玩具，我观察到，你或是坐在地垫上把黄色塑料块插在一起说是一列长长的火车，或是向上竖着插，说是大高楼。很快插完了，便开始无所事事。我想：还是多给你一些自由探索的时间吧。

一会儿的功夫，你不知什么时候发现了遗忘在角落里的几个小球，正拿着放在那列"小火车"上用手将小球滚过来滚过去的，你们兴奋的玩着。晨晨说："这样不好玩，我们把前面架起来，让它自己滚下来？"你马上微笑着回应说："好呀，让小球从这个火车轨道上'咻……'的滚下来。"你边说边用小手比划着小球滚下来的姿势，说完你们开心的笑起来，仿佛已经成功了似的。一阵笑声过后，你在一块小圆塑料块上插了两根圆棍儿，然后垫在了轨道的最下面对晨晨说："这个好像我们中班搭桥的桥墩一样。"你先放了一个大球，又放了一个小球，只见两个球咕噜噜的从上面滚了下来，但滚到平坦的地方，小球就停止了。你又反复试了几次，还是如此。

这时游戏区的时间结束了，你们放好了"我还要继续"的牌子，便开始了今天的回顾活动。

你们拉着其他小朋友趴在地垫上一遍遍的试着，但都失

败了。晨晨说："小球一到平地就不滚了，怎么办呀？"大家都沉默了，似乎没了想法。这时你失望的说："要是能让小球顺利的滚下来就好了！"你的叹息似乎给了在一旁的雅雅一些启示，她对晨晨说："要不你试试把下面再垫高一些。"你马上说："对，有了下坡小球就能滚啦！明天我要再试一试。"

什么样的学习在这里发生：

你让'小球从轨道上滚下来'的想法非常有创意，而你又调动原有经验，联系到了我们中班搭建'桥'的经验，把架高的柱子比喻成桥墩，你让这个游戏变得更加好玩了。

当你跟同伴分享时，你和晨晨遇到困难不放弃的学习品质让我佩服，你愿意接受同伴的建议，又想出了一个更好的创意。你很自信也很爱动脑筋。

你能接纳同伴的好建议，并且有自己的想法和思考。

你的坚持一定会让你的轨道游戏更有趣，我期待着你的新发现！

下一步的机会和可能性：

同伴的想法给了你无限的启发，我需要为你创造更多的时间去探索和发现。为你们创造更多分享的机会。我想，我只需要等待和观察，并准备着被你们下一个不同凡响的发现所震撼！

大球和小球的秘密

第二天，你和悦悦很快用'小桥柱'架起了一座弯弯曲曲的轨道，不同的是，这次你们的轨道有了从高到低平缓的下坡，可问题又来了。你们拿出了昨天的大球和小球，反复试验了几次，大球都从轨道的转弯处飞了出去，于是你将小球放在轨道上，它顺利的从轨道上平稳的走到了最后，不甘心的你又试了一次，结果依旧如此。于是你们把大球拿走了，玩起了小球。显然，你们已经有了自己的理解和分析，于是我走过去说："咦，发生了什么？"我好奇的问。你马上拿来大球边尝试边告诉我说："老师，你看，因为大球又大又轻，所以就容易出轨。小球又小又重就不容易出轨！"你高兴的把球递给我说："给

你老师，你试试看！"。我将大球和小球分别试验了一次，都出轨了，你说："这个轨道有的地方插的不结实。"说着用力对了对接口，又试验了一次后，悦悦兴奋的说："老师，你看，小球成功了，大球没成功！"我不甘心的说："那我再试试！"这时你按着我的手说："老师，你要把球放在轨道上面直接松手就行，手可别使劲。"我按着你说的又玩了一次，这次终于成功了。

什么样的学习在这里发生：

这个游戏让你发现了向心力的大小与轨道的半径成反比，与球的速度和质量成正比。虽然你说不出复杂的物理原理，但你发现的"大球又大又轻，所以就容易出轨。小球又小又重就不容易出轨"是你在反复尝试和探究中获得的非常有意义的经验！你就像个小小科学家一样，善于发现和思考。

你有自己独特的想法，你请我参与到你的游戏中，验证你说的结论。第一次尝试失败了，你进行了调整，又请我再次尝试。说明你具备了良好的学习品质：你知道任何一个结论都需要反复推敲、尝试、思考才能找到问题的答案。在你强大的好奇心的趋势下，才会在失败了许多次的探索之后依然坚持！

下一步的机会和可能性：

你的邀请，让我体会到：我是你心中的玩伴，所以我要陪你一次次的反复探究寻求真相，支持你成为更有智慧的问题解决者。

轨道站稳啦！

你疯狂的沉迷在轨道游戏中，并开始尝试着搭更多层的轨道，然而每天的分享活动，不仅让你的轨道游戏得到了关注，也吸引了更多

的小朋友参与到轨道游戏中。当小球在转弯处容易出轨时，你和小伙伴使用'挡板'这样的辅材帮助小球度过转弯的难关。你们还会给自己的轨道起好听的名字'飞速轨道''盘旋轨道''立交轨道'……各种各样的创意轨道层出不穷。

　　又过了几天，我见你躺在地上扶着最上面的轨道，伟伟则用双手扶着下面的轨道，就在轨道要倒塌的一瞬间，你们"啊"的叫出了声。轨道倒了，伟伟冲着你说："哎呀，下面太轻了，所以倒了。怎么办呀？"你想了想说："咦，有了，我们在下面放些重的东西轨道就不倒了。"说着，你们从旁边的柜子里将一盒桌面拼插积木放在'桥墩'上，轨道果然站稳了。伟伟高兴的说："轨道站稳啦。"这时你伸起大拇指对伟伟说："你真棒！"俩人又拿了一盒压住了另外一处桥墩。正在高兴之时，白白走过来说："扬扬，这两盒积木我们要拿走建房子去了，你能不能用别的东西呀？"你显然非常失望，但你并没有拒绝："哦，那你拿走吧。"说完，你告诉伟伟："伟伟你扶好了啊，我再去找找其他材料。"你在教室里转了一遍，觉得都不合适。这时，你发现了美工区的塑料瓶，你来到水池旁将瓶子里接满了水，拧紧，然后跑回来说："伟伟，你看，我在塑料瓶里接满了水，咱们再试试。"你们将盛满了水的矿泉水瓶压在下面，轨道果然站住了。然后高兴的拍着

手说："成功啦，成功啦！"

什么样的学习在这里发生：

当同伴有需求时，你接受别人拿走她需要的东西，而你虽然失望，但你相信自己还能找到比积木更适合的材料。你很谦让，感谢你让同伴之间变得更加友好。

当你发现轨道站不稳的时候，你能在教室中找到合适的材料，并接水让它更重，你能调动教室里所有的资源，你是班级的小主人！

你和伟伟的合作真默契，我非常欣赏你们相互帮助和支持。

我为你的探索精神和求知欲感动，为你们游戏中的自主性感到骄傲。

下一步的机会和可能性：

你不仅是班级的小主人，未来的家庭、社会也需要你做主人，我要支持你大胆、勇敢的走出去，将目光投的更远。

家长的反馈

扬扬妈妈：我是从暄暄老师发给我的照片中看到你玩的轨道游戏，我想为你拓宽更多的思路，于是我带你来到了"中国科技馆"，你在这里发现了你最爱的小球轨道，你一次次的将小球运上了轨道，你仔

细的盯着小球看，还兴奋的指着说："妈妈你快看，小球能从更多层的轨道上滚下来，真好玩！"我笑着看着你，然后你又说："妈妈，我们班也有这个玩具，你帮我多拍点照片，我也要设计一个好玩的轨道。"我和你一起从各种角度拍摄了这个轨道。回到家，我将照片放在电脑上，你取来彩笔和纸，画了一张自己设计的轨道。第二天你带到了幼儿园，晚上你又拿回了一个看着非常复杂的轨道告诉我："妈妈，你看，这是我在幼儿园自己设计的轨道。"一连几天，你都把你的'轨道作品'带回家给我看，看着你设计的不同的轨道，我觉得你真的太棒了！晚上，我们阅读了我为你买的《小球旅行记》这本书，你告诉我说："妈妈，我也想让我的小球转啊转啊，去更好玩的地方旅行。"我笑着说："好啊，妈妈期待你有更多更棒的作品。"

扬扬，老师和妈妈都会支持你实现你的小小轨道梦，让你的小球滚动起来吧，我们耐心的陪伴你！

第三节　关注幼儿主动探索需求，让幼儿成为活动的主人

关注幼儿的心理发展，真正满足幼儿的内心需求，虽然听起来并不陌生，但真正做到实际很难，教师必须要了解幼儿年龄发展特点，细致观察幼儿语言行为，了解幼儿最近一段的身体健康及生活情况；这样才能基本准确的判断出幼儿的内心需求。尤其更难的是：当教师了解幼儿发展需求时，是否能把幼儿看作是生活学习的主人，从幼儿主动成长的角度，帮助幼儿按照他自己能达到的能力和认知水平不断的激励他在活动中做自己的主人，教师既不包办代替，又不等闲旁观。

让过渡环节也变得有趣（小班）

▶▶▶

　　今天游戏区收玩具音乐响起后，我没有催促孩子："快点"。而是告诉了孩子一个小秘密："在这首音乐停止时，我们要开始做一个好玩的游戏，看谁能和老师一起玩！"孩子们听后感到很新奇，都加快了收的动作，想赶在音乐结束前收完参加游戏。在音乐结束后，我把收完的孩子笼在身旁："下首歌是好听的'炒盐豆'，我们一边听着歌曲一边找到你的好朋友一起'炒盐豆'吧！"孩子一下来了精神，赶紧找自己的好朋友。这时我有意的看了一眼我班的"小磨蹭"晨晨，我发现他一边用小眼睛瞄着我身边小朋友做的游戏，一边在活动区中赶紧把手边的玩具放回筐里，并迅速加入到了我们的音乐游戏中。

　　让我惊喜的是，今天活动区的过渡环节竟然没有一个"小磨蹭"，两首音乐游戏做完，孩子们都完成了收玩具和入厕喝水的事情，开心地一起做着音乐游戏，这个结果让我即满足又激动。相比我之前一直在孩子耳边催促制造噪音让孩子烦躁，倒不如把环节过渡好好利用起来，让孩子自发地加快速度去进行下一件事情，把外需变成内需。这样的过渡环节让我觉得孩子更加自主了，教室里也少了很多催促的声音，环节过渡变得更有趣了！

让消极等待变成有趣的活动（中大班）

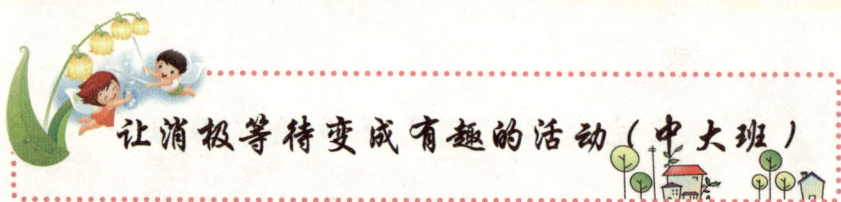

孩子们在幼儿园的一日活动中包括生活、学习、游戏、运动等环节，在这些环节之间存在的过渡被称之为过渡环节。由于过渡环节是连接两个活动的中介，往往这个环节会我们被所忽视，只是带幼儿盥洗、喝水，但动作快已经做完事情的幼儿做什么呢？消极等待的现象普遍存在着，这不仅浪费幼儿的成长时间，更会让幼儿感到无所事事，情绪烦躁，因此容易出现打闹的现象。

为了改善过渡环节消极控制的不良现象，我们在过渡环节开展了一些小的活动，给孩子更多样化的选择，让过渡环节变得更为丰富多彩，例如：活动区结束后，孩子们喝完水可以进行分散回顾，向其他小朋友介绍自己今天的游戏或心情，并可以在这个时间解决自己在游戏中遇到的困难，鼓励幼儿间的相互学习。我们开设了"小新闻，大世界"的活动，在过渡环节，孩子们也可以选择分享自己身边的新鲜事和最近的新闻。还有"今天我值日"的活动，小值日生可以在这个时间为大家播报天气情况，也可以在这个时间照顾植物，为小花浇水。

经过调整后，孩子们的生活变得更加有序和有趣。活动区结束后，顺子喝完水，拿起小瓶子接好水，耐心的给班里的每个植物浇水，做的有模有样的，着实像个小园丁。在建筑区几个小朋友围在一起，聊着今天在游戏中遇到的困难，家辉说："我今天在建筑区搭城堡时遇到了一个问题，就是我们搭的城堡没有顶，积木没有那么长够不到。"成成说："你可以在里面搭个柱子。"家辉说："我试了，但是总是倒。"这时，乐乐说："你可以搭一排，像搭城墙那样就不会倒啦。"家辉说："那好吧，我下次试试。"分散回顾的环节

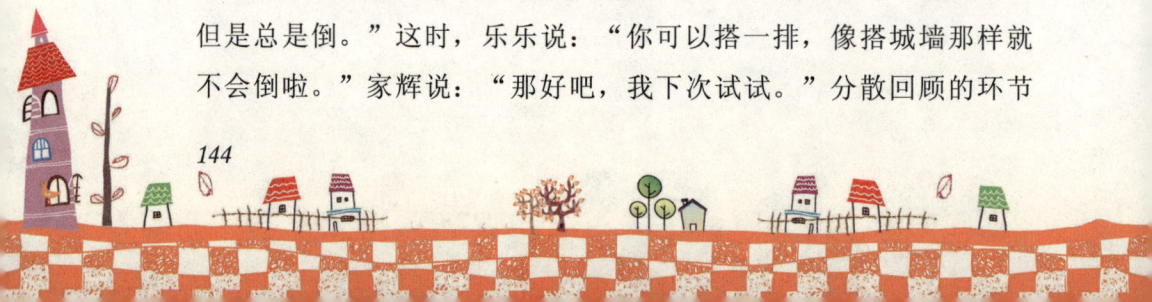

给孩子们创造了更多交流和同伴间相互学习的机会，这不但让孩子们的等待时间更有意义，也发展了孩子们的语言表达能力，也为幼儿共同想办法解决问题创造了条件。

游戏是幼儿最好的伙伴，是没有固定模式的主动参与活动的快乐过程。让幼儿在快乐的游戏中等待比在无所事事中等待更有价值。餐前我们请孩子们自主选择喜欢的游戏。例如：看书、玩结构玩具、搭积木、拼图等，我也会利用这段时间针对孩子们在游戏中出现的问题，进行观察、指导，使过渡环节变得更有意义。

餐前游戏时，果果问我："芃芃老师我们上午的轨道没有搭完，现在可以继续搭吗？"我说："可以呀，你们去吧。"果果和成成高兴地到轨道游戏区继续搭建轨道，过了一会果果大声的叫我："芃芃老师你来看看这是我自己设计的轨道，你能给我照下来吗？我想给妈妈看。"成成说："下面是我搭的，上面的是他搭的。"我问："你们设计的这个新轨道，小球能通过每条轨道吗？"果果很自豪的说："可以，我给你演示一下吧。"说着便将小球放进了开始的

地方，小球成功的通过了每条轨道。我肯定了他们的成功后，便问："你们是怎么成功的？"成成说："上午活动区时没成功，小球不能通过每条轨道，我们就给拆了重新改装了一下。"果果说："刚才我们就是每搭一层的时候，就用小球试一下就成功了，我想的办法最好了。"有时因为活动区的时间有限，孩子们不能完成自己的计划，会有意犹未尽或沮丧的心情，等到下午活动区的时间太久，而餐前游戏不但减少了孩子们的等待时间，也满足了孩子们继续完成自己的作品需求，而老师要做的就是观察幼儿游戏的表现和需求，鼓励幼儿自主学习和主动地解决游戏中的困难，为幼儿创设宽松的环境和提供支持幼儿游戏的材料，等待孩子的成长有时也是一种教育策略。

在日常活动组织中，我常常会利用音乐唤起孩子们进入下一环节的准备。例如：我会选择安静舒缓一些的音乐作为收玩具的音乐，这样可以使孩子听着音乐结束自己的游戏，并安静有序的将自己的玩具收放整齐，孩子们之间也会相互提醒督促，这样就自然过渡到下一环节的活动。播放音乐消弱了过渡环节中的消极等待和教师的高度控制现象，使过渡环节变得和谐、自然，还有利于提高幼儿对音乐的兴趣，也有利于调动幼儿的积极性、主动性，有利于整体效率的发挥。

总之，过渡环节是幼儿园一日生活的重要组成部分，对教学环节和幼儿生活节奏的调整起着重要的作用，我们要让幼儿充分体验到丰富多彩、合理又有趣的过渡方式，让消极的等待变成有趣的活动，使幼儿在幼儿园的每一天都过的充实而有意义。相信我们的孩子们在幼儿园的生活会更开心、更快乐。

小班幼儿"说"、"看"书

▶▶▶

　　一说到图书区，我总有这样的感觉：这里是一个光线明亮、相对较安静的地方，书架上放置着琳琅满目、种类繁多的故事书，孩子们可以选择自己喜欢的图书尽情地阅读，他们能够安静地、不受外界干扰地、专注地阅读自己喜欢的图书，或是和同伴一起在为书中有趣的故事情节而小声讨论着。

　　但是，在开学初观察了孩子们在图书区的表现后，我感觉自己大错特错：林林选择了《小波去散步》，他快速地翻看每一页找到小波后指着说"小波"，然后满意地把书放回去了；炎炎拿着书打开放在头上对着旁边的小伙伴说"快看我的帽子！"；优优则和诺诺为争抢一本书吵得不可开交。慢慢地我也在刻意回避图书区的指导，一是我还没搞清楚图书区的阅读到底能给孩子带来什么，二是我根本不知道怎么指导。

　　这种状态持续到林林带来《恐龙世界》那天被打破了，那天孩子

们都在餐前活动，林林从柜子里拿出来自己的书："老师您给我讲讲吧！"孩子们看见恐龙书也都来了兴趣。我让孩子们围坐好，讲完了故事书，孩子们听得津津有味。第二天，林林又把书带到了班里，孩子们都要求再讲一遍，就这样一周下来，我与孩子们一同读了五遍。周五的时候，读完最后一遍我问孩子："你们这么喜欢恐龙故事呀！"孩子们一下来了兴趣，"老师我最喜欢里面的大角了！大角是三角龙！""我家也有恐龙书，我喜欢霸王龙！""霸王龙比房子还高呢，我爸爸说的！"一个问题抛出来，孩子们都争先恐后表达自己的想法。"老师明天我也带恐龙书！""我家也有，老师你讲我的书！"我高兴地答应孩子，可是明天是周末了，到了周一小班的孩子还能想起来自己说过的话么，我打了个大问号。让我惊讶的是，周一的早上，几乎全班孩子都带来了图书。有的家长还问："老师，是让带恐龙书吗？我家没有，我们带了别的书行吗！"看着孩子们手捧着自己带来的书小心地放在图书区，我突然很感动，对于小班孩子我们简单的几句对话，是什么引导他们带来自己喜欢的书呢？

下午吃完水果，米粒拿着他的书跟我说："老师你讲讲我的恐龙

书！"孩子们也围了过来，我们开始分享米粒带来的书。故事分享完，孩子们也争先恐后把自己的书拿到我的面前，"老师该讲我的书了！""老师讲我的书吧！"看着20多本书，这我怎么可能讲得完呢。回绝了孩子，看着他们失望的眼神，我开始反思到：不对！孩子们带来了自己喜欢的书，却还是没有逃开老师讲、孩子听的模式，这根在家的亲子阅读有什么区别？在幼儿园有老师和同伴，那他们的作用又是什么呢？

　　第二天，孩子们照例带来了自己喜欢的书。下午航航为了争取第一名吃完好让我讲他的书，动作都比平常快好几倍。"老师今天讲讲我的书吧！""我还有工作没做完，你先自己看看好吗？"我特意给孩子留个难题。航航拿着书回到座位，漫无目的地翻了翻。这时优优走过去说："航航，我能跟你一起看吗？""行！我这是恐龙书！是恐龙大战！给你看这里有霸王龙，还有脖子特别长的龙，你知道脖子特别长是什么龙么？"航航一下来了精神，仔细翻着书中自己感兴趣的部分向优优介绍，两个人你一言我一语，围绕书中的画面一边描述，一边交流自己的感受。后来孩子们围着我让我讲故事的人越来越少了，取而代之都是："老师我能和林林一起看书吗？""老师我想看看然然的书行吗？"面对这种问题，我会重新把问题抛回给孩子："书不是杜老师的，你可以问问小朋友。"之后一段时间的阅读时间，老师好像变得很"多余"。吃完水果，孩子们会很自然地选择自己的书或者同伴的书，他们顺其自然地交往发展也让我佩服。在需要借阅图书时，他们会这么说："林林我能看看你的书吗？""可以，别弄坏了。""我会小心翻书的。"在需要交换图书时他们会这样说："我今天带的是小熊一家的故事，里面有小熊爸爸、妈妈、哥哥、妹妹，你想看么？"在一起看书时，它们会交换彼此的经验："你见过这种鱼吗？这是小丑鱼。我带的是《海洋故事》。""我见过这个，这叫海星！我妈妈带我去过海洋馆！""我也去过海洋馆，还看海豹了！"在孩子们共同阅读的同时，他们不仅能感受到图书的魅力，也在自然运用着语言沟通，不爱说话的孩子在给别人讲故事的时候重新建立的自信；知识丰富的孩子之间在交换着彼此的经

验。孩子每天都很期待我们的阅读时间，我也感觉到在这段时间里孩子非常自主，他们在从自己感兴趣的事情中获得巨大发展。

这并不是说老师的支持就不存在了，每次孩子带来的图书我都会提前阅读，筛选出不适宜的图书，比如图案非常复杂、文字太多、不适合小班孩子阅读的图书，也会选择一些题材很好，孩子很感兴趣的图书进行集体阅读。这次集体阅读，我不再那么注重一字一句的故事，而是更注重孩子的情感和表达，我们也会从一个故事中谈到很多生活中发生的事情，让孩子觉得图书是我们的朋友，在看到作者给我们展示的事情背后，我们也表达出自己的感受。现在我觉得幼儿的阅读活动往往是综合性的，而且幼儿有了感知是需要表达的。简单地把图书区的作用定位为"幼儿读书的地方"，这显然太狭窄而且成人化了。《纲要》中"语言领域"谈到阅读问题时是这样要求的："引导幼儿接触优秀的儿童文学作品，使之感受语言的丰富和优美，并通过多种活动帮助幼儿加深对作品的体验和理解。"这次由孩子自己发起、持续时间长达一个学期的活动也给了我很多感动。原来每一个孩子都是喜欢阅读、爱说话的，只是我们为他们提供了平台没有？还是他们一说话我们总是觉得不对或者不应该说呢？现在我并不觉得安静的图书区会让孩子从中获得发展，相反，把图书区打开，从图书的区角中释放出来，才更能支持孩子的天马行空。希望孩子们还是能够坚持每天的阅读活动，在他们今后的人生中也会享受到更多阅读的乐趣。

后续

教师成长实录

做"小小千里马"的第一名伯乐
——在活动课程中我的成长历程

大三班　　平志征

大家好：

　　今天我在这里和大家分享的主题是："做小小千里马的第一名伯乐——在活动课程中我的成长历程"。在介绍前，首先我有两点要向在做的各位做出声明：首先，我今天站在这里与大家分享我的成长历程，但在这其中，主语不仅仅是"我"这个个体，而是"我们"这个群体。在这个成长的群体中，包括年长的老教师们，也包括和我一同奋斗在一线工作近10年之久的80后一代的老师们，当然同样也包括在坐的各位年轻教师，在我们第六幼儿园进行活动课程的研究和实践过程中，我们一同进步、成长，而今天，由我代表大家，做一个总结，或者报告，向培育我们成长的老师、领导等等，交出一份成长的成绩单。同时，我们的进步，即是幸运，也是幼儿园不断成长的见证。古人说："十年树木，百年树人。"而我们每一名教师在刚入职的时候，都曾期望过自己在若干年后，能够如苍郁的大树一般，不仅能够给孩子提供更好的成长条件、为他们的心灵送去清凉的慰藉，更能茁壮自己。然而，没有一种生物能够脱离开周围的环境独自生长，我们也是一样。而六幼，

正是给与我们阳光与营养的地方。公平、团结、互助的平台像是土壤，让我们能够不断向下扎根，理念的更新与研究的氛围，就像是阳光雨露，让我们能尽情的、有个性的向上生长，开枝散叶。正是这样的环境，才成就了我们引以为傲的六幼教师团队，我想，这样的园所，这样的团队，真的值得我们在坐的每个人为它鼓掌喝彩！

（一）故事引入：陶行知分糖的故事

先由一个曾让我深受感动的陶行知先生的故事开始。

当年陶行知先生任育才学校的校长，有一天他看到一位男生正要用砖头砸同学，就将其制止，并责令其到校长室等。当陶行知回到办公室后，见男生已经在等他，陶行知掏出一块糖给男生："这是奖励给你的，因为你比我先到。"接着又掏出一块糖给男生："这个也是奖给你的，我不让你打人，你就立刻住手了，说明你很尊重我。"男生将信将疑的接过糖果，陶行知又说："据了解，你打同学，是因为他欺负女生，说明你有正义感。"陶行知先生又掏出了第三块糖给他。这时，男生哭了，说道："校长，我错了，同学再不对，我也不能采取这种方式。"陶行知先生又拿出第四块糖说："你已认错，再奖给你一块，我的糖分完了，我们的谈话也该结束了。"听完这个故事，相信大家都会和我当时一样，感受到大师教育方式的伟大与无痕。一次偶然，我把这个故事讲给一个要好的朋友，同时问他，你从小到大遇到过这样的老师么，他告诉我，他没有那么幸运遇到这么好的老师，虽然他一直觉得自己是一匹千里马，但从来没有遇到过伯乐。或许是因为自己是老师的原因，他的话让我想了很久，我们每个人都会希望遇到好的老师，希望遇到能够为我们的人生点亮明灯的人，能够教会我们更多的知识与智慧，而我们的孩子们，何尝不想我们儿时一样，同样是一匹匹小小的千里马呢？我们儿时的遗憾不能弥补，但我希望现在的孩子们能够比我们拥有的更多，所以，在我的职业生涯中，我的目标要做这些小小千里马们的第一个伯乐。为了这个目标，我们一直在努力，从刚入职时的菜鸟，到现在变成一名小有经验的伯乐，在

成长的过程中，我经历的不同的阶段，而随着活动课程实施与研究，也为我成为一名有经验的教师给与了很大的帮助与指引，接下来，我将我成长的路程与自己的学习经验与大家进行分享。

（二）成长的过程介绍

成长的过程，就像是一个进化的过程，不轻松，但是鼓舞心灵。从一名刚入职的小菜鸟，到较为成熟的伯乐，我将自己进化的过程分为了四个阶段，职场菜鸟阶段——熟悉专业阶段——积累深化阶段——飞跃成熟阶段。

而每一个阶段，我们都已经通过课程的研究，总结出了促进成长、成功步入下一阶段的方法。

接下来我逐一进行介绍：

第一阶段：职场菜鸟阶段：

我的学习方式：玩儿——和孩子一起玩儿——孩子一起玩好玩的游戏

在我们刚刚走下课桌、走上讲台的时候，我们每个年轻教师可能都感觉自己像个菜鸟，不知道做些什么，也没有积累实践的教学经验和策略，似乎能做的就只有一件事：和孩子一起玩儿。年轻的教师，自身的童心与活力，更是孩子们最好的玩伴。所以，在这个阶段里，我们和孩子玩了很多好玩的游戏。我个人很喜欢科学领域，因此在我的菜鸟阶段，我和孩子们进行了很多的科学的游戏。

这是我们进行的光影游戏。光影游戏是一个非常大众的科学游戏内容，最初的时候，我们会进行模仿，开展这些前辈们重复的活动。最初我们同孩子一起玩，踩影子、花影子、组合影子、和影子捉迷藏等等，然后我们会想，怎么才能使这些游戏更好玩呢？怎么才能让孩子们长时间的玩下去呢？于是，我们对这些游戏内容的所有价值点进行搜集和整理，经过挖掘以后我们发现，每一个游戏的价值点比我们在书本上看到的要多很多。以光影游戏为例：它的价值点包括：好奇心的培养、观察力的培养、创造力的培养、想象力的培养、探索影子

产生的条件、探索影子成像的特点（近大远小、遮挡等）、探索光源或物体移动时影子的变化、不同方式的表达能力的培养、合作能力的培养等等。结合这些价值点，我们有不断开展新的游戏活动，如：手影游戏、皮影戏、制作不同颜色的影子、制作自己想要的影子、沙画游戏、制作小灯罩等等。体验过游戏的乐趣后，我们还和孩子们一起进行了电路游戏、镜子游戏、魔术游戏等等好玩的游戏，也用同样的方法，总结出这些游戏的价值点以及能够开展的活动。伴随着和孩子们一起快乐的游戏，我们也走过了新入职的菜鸟阶段，走过了这个阶段以后，当我回头再看时，我发现，在初入职场，自己没有多少经验时，陪伴幼儿做他们喜欢的事情是多么重要。我们都知道，游戏是幼儿最主要的活动。"玩、和孩子一起玩、和孩子一起玩好玩的游戏"，看似简单，却内涵玄机。新教师在陪伴幼儿的过程中，自然而然的能够发现幼儿的年龄特点与智慧，在和孩子一起玩的时候，也能够清楚的感受和体会到孩子的学习特点。这个玩的过程，也正是新入职教师最好且十分欢快的学习过程。当然，还要伴随这观察、分析反思等等。

第二阶段：熟悉专业阶段：

我的学习方式：研究活动背后的影响因素

经过职场菜鸟的阶段后，我成功的步入了熟悉专业的阶段，在这个阶段中，我们似乎已经能够应对日常中的孩子们的活动，我们开始将自己的视野打开，开始关注发生教育活动和现象背后的一些因素，如环境的布置、材料的投放、常规的培养、环节的流动等等方面的内容。而在这个时期中，活动课程中的研究给了我们很大的指引。

首先我要介绍的是关于材料：

我们都知道，人类的学习，就是在不断的与环境材料交互作用的过程中发生的，孩子的学习也是一样。现在，我们都能够将发展幼儿的主动学习能力放在教育的首位，因此，在进行环境中材料提供的时候，我们也会依据这一点进行准备。那么，提供什么样的材料更能促进幼儿的主动学习呢？在我们教师发展的中期阶段，我们会开始关注这一方面的问题。在

研究的过程中，高瞻课程为我们提供了一个很好的切入点：那就是对于低结构材料的研究。接触高瞻课程以后，我第一次听到高结构材料与低结构材料的提法，于此同时，我们自己也对这两个概念进行了分析。

高结构材料 vs. 低结构材料		
	定 义	特 点
高结构材料	有自己固有的形状、结构操作时有一定的规律可循。	幼儿一旦掌握了材料的使用规则就能较快地按自己的构思完成作品容易获得成功感。 由于"高结构"材料的定性结构使幼儿的随意想象和创造力受到一定的限制所以往往无法满足幼儿探索想象的需求。
低结构材料	无规定玩法、无具体形象特征的材料。	幼儿可以根据自己的兴趣和当时想法随意组合并可以一物多用，从而为幼儿的想象提供了广阔的空间。幼儿可以运用低结构材料进行较长一段时间的探索，并在此过程中满足了自己的探索欲望，建构自己的认知体系。

了解概念和意义后，我们自然的在日常教学活动中，进行材料的调整，并进行观察与分析。我所做的是将科学区 的材料进行低结构化，以便观察幼儿在操作低阶够材料时的表现。以我班科学区中开展的电路游戏为例：开学初期，孩子们对科学区中的灯泡、电线、小电扇等材料的兴趣，开展了电路游戏的探索活动。升入大班后，孩子们看到科学区中崭新的一大盒电子积木玩具，都争先恐后的抢着去玩，而让他们最感兴趣的，就是里面的灯泡、小风扇、波音器等等一些能工作的小零件，他们不断的尝试让这些零件工作的办法。虽然，这个玩具有图册，可供幼儿学习按图拼搭出很棒的作品，然而，孩子们的兴趣却一直停留在自己的想法上。于是，我们便决定跟随幼儿的想法和需要，把看似高结构的材料转化为低结构的材料，并使其每一项材料都更丰富，电池增添了电量大小不同的型号，灯泡也有大有小，连接线也添加了不同的导线，还搜集了更多地可工作的小零件，让每一种材料都更丰富，更有层次。而这样的调整，

换来的是孩子们在科学区中更多地探索和创造。这些照片是我们班孩子真实的探索活动，"从一个，到七个，"当孩子们看到大量的电池的时候，自然会产生试试看很多电池在一起的想法，于是便有了这个探索活动。不知道老师们能不能看出到第七节电池的时候发生什么事情了？（灭了）。当孩子们在回顾这种现象的时候，他们说，这电池里面的电太多了，小灯泡太小了，盛不下那么多的电，就被冲坏了。虽然孩子们并没有用那么精准的语言表述这种现象，但孩子们通过自己的创造性地操作，感受到了科学的存在，同时建构了自己的知识体系。随着孩子的想法越来越多，他们的游戏也越来越丰富，从让一个材料工作，到多个材料工作，再到让风扇飞起来，一步一步，都在体现孩子们的自主探索过程。这就是在低结构材料的提供下，幼儿可获得的自主发展。于此同时，我们也根据相同的原理提供的更多方面的科学区的材料，这是我们记录下的一部分。由我们大量的实践和观察中，我们得出一下结论：对于幼儿主动的学习和探索来讲，低结构材料更具一下优势：

1. 更能支持幼儿实现自己的想法。

2. 更能满足幼儿自主探索的需要。

3. 更能引发幼儿不断的探索活动。

4. 更能建构幼儿自己的知识体系。

以上这些观点，看上去像是书本上的条框，然而对于我们一路跟随孩子的活动，分析、观察、总结出这些语言的时候，实际上已经内化成我们自己的教学经验与结论，对于我们共同走过的每一个教师来说，其意义，不仅停留在文字上，更在我们没每个班级的环境和区域中。

对于环节的流动、常规的制定、作品的展示等等问题，我们同样按照以上的思路思考，对于这些问题的研究，奠定了我们成为一名专业教师的基础。

第三阶段：积累深化期：

我的学习方式：补充能量，关注事物本质，培养概括与提升的能力。

　　在经历了以上两个阶段后，我们的经验也随着年龄的增长不断累加，在这个阶段，我们有时会感觉到成长的停滞，不愿重复又不知如何创新，有人把这个阶段叫做职业倦怠期，或者发展的瓶颈期。走过这个阶段后，我感受到，最好的方式是：不断的为自己补充各种能量，开始学习关注世界万物发生的本质，同时锻炼自己的大脑，学习归纳、概括、提升等高等的思维能力。曾经在网上有一句非常精彩的话是这么说的："要么旅行，要么读书，身体和灵魂，必须有一个在路上。"所以，在这个阶段，我开始大量的阅读，在历史类的读物里，我了解世界的深度，在哲学宗教类的书籍里，我探寻世界的本质，在科普类的书籍里，我看到世界的发展，在政治类的书籍里，我感受发展的方向，当然，专业的读物也必不可少，我个人认为最好的专业类读物不是告诉我们该如何做，而是告诉我们，在教育里，还有很多其他的可能，以及我们应该如何看待教育本身。总之，我个人喜欢且热爱阅读，同时读书也让我受益良多。今天我也借这样一个机会，倡议在坐的各位多阅读。真诚的希望大家能够在闲暇的时候，多读书，读好书，给我们的孩子更好的影响的同时，改变自己人生的广度与宽度。

　　阅读的同时，我开始学习用归纳与概括的思维看待我们的教育：

　　实际上，读书与工作，有很多相似的地方。读书，我们能够从书中看到万千世界，感受作者描述的意境或想法，从而建立自己对世界的认识与理解。而在我们的工作中，只要我们用心观察了解体会，各种事件也会如书中的故事一般展现在我们的眼前，但我们必须学会提炼与归纳，才能发现工作给与我们的更多启示。我开始有意识的锻炼自己归纳、概括的思维能力的契机，实际上是以"西城杯"教师大赛的为起点的。在西城区进行"西城杯"比赛的同时，我们幼儿园每年都会进行六幼杯的观摩与评选，可以说，这个平台为我们本园的教师进行学习交流提供了最好的机会，在观摩的过程中，我们每个人都得到了学习和进步。年轻教师学习技术策略，成熟教师研究设计思路，

最初我们在进行观摩的时候，我们看到了很多老师组织了很好的区域和大组活动，而有些教师，无论组织那一领域的活动，都能看到孩子们的发展在其中。当时，我就思考，教育是有规律可寻的，一定有一种或一些方法，只要我们将其中的因素考虑周全，每个人教师都能设计出比较成熟的活动。出于这个目的，我开始分析老师们的活动。通过分析，我发现一些成功的区域或者大组活动，首先肯定都是从幼儿兴趣出发了，然而"幼儿的兴趣"的五个字，其实还包含这很多的内容。哪些内容是孩子们感兴趣的内容？我们如何从生活中找到这些点？于是我参考《活动课程》的书籍，将课程设计中的每一项进行拆解，结果我发现：

仅幼儿兴趣这一项，我们就能细分出至少6个小点：一、幼儿当下感兴趣活动。

（二）当下对儿童有意义的事件。

（三）幼儿感兴趣的话题和内容。（如：传统节日、恐龙，太空等）

（四）对于随机发生事件的兴趣。

（随机发生的个别事件）

（五）新奇的事物或事件。

（六）近期开展的活动或者生活中遇到的问题。

于是我们将活动中的每个环节进行细致的分析和概括，最终总结出了属于我们自己的组织活动方法：（方法见表）

经过实验，我感受到，无论是区域活动设计，还是大组活动设计，这个方法都适用。然而，总结出这个方法并不是我在这一阶段获得的最重要的成长，于我来说，最重要的是，我感受到自己开始探究事物发展的本源、本质或者规律性的存在，而不仅仅是在关注教育现象，我想，这对我的思维来说，确实是一个飞跃。而这一点的进步，也正奠定了我们是否能够成为一名真正意义上成熟的教师。

兴趣

了解幼儿兴趣，发现幼儿的兴趣点，以兴趣为活动来源引发幼儿热情。

活动内容

从幼儿感兴趣的内容中，选择活动内容，进行活动的设计。

教育策略

通过有效的教育策略，实现幼儿的发展。

关键问题

关键问题

关键问题

幼儿的兴趣点有哪些？

1、幼儿当下感兴趣活动。

2、当下对儿童有意义的事件。

3、幼儿感兴趣的话题和内容。（如：传统节日、恐龙，太空等）

4、对于随机发生事件的兴趣。

（随机发生的个别事件）

5、新奇的事物或事件。

6、近期开展的活动或者生活中遇到的问题。

活动设计的建议：

1、目标发展上讲：活动内容依据学科核心价值开展。

2、个体差异上讲：可支持幼儿表达和实施自己不同想法，满足幼儿心理需求。

3 活动形式上：活动过程活动内容可探究、可操作、可延伸。

4、从备课准备上讲：体现活动的重点难点。

有效的教育策略：

1、设计层层递进的活动环节，帮助幼儿突破难点。

2、设计开放性的提问，和实践性的提问，引发幼儿积极的探索、思考。

3、运用多种教育资源进行随机教育，对每名幼儿的问题和想法给予及时的积极回应。

4、为幼儿提供能够运用所学知识解决问题提的条件。

5、活动尽可能帮助每个幼儿获得有价值的体验。

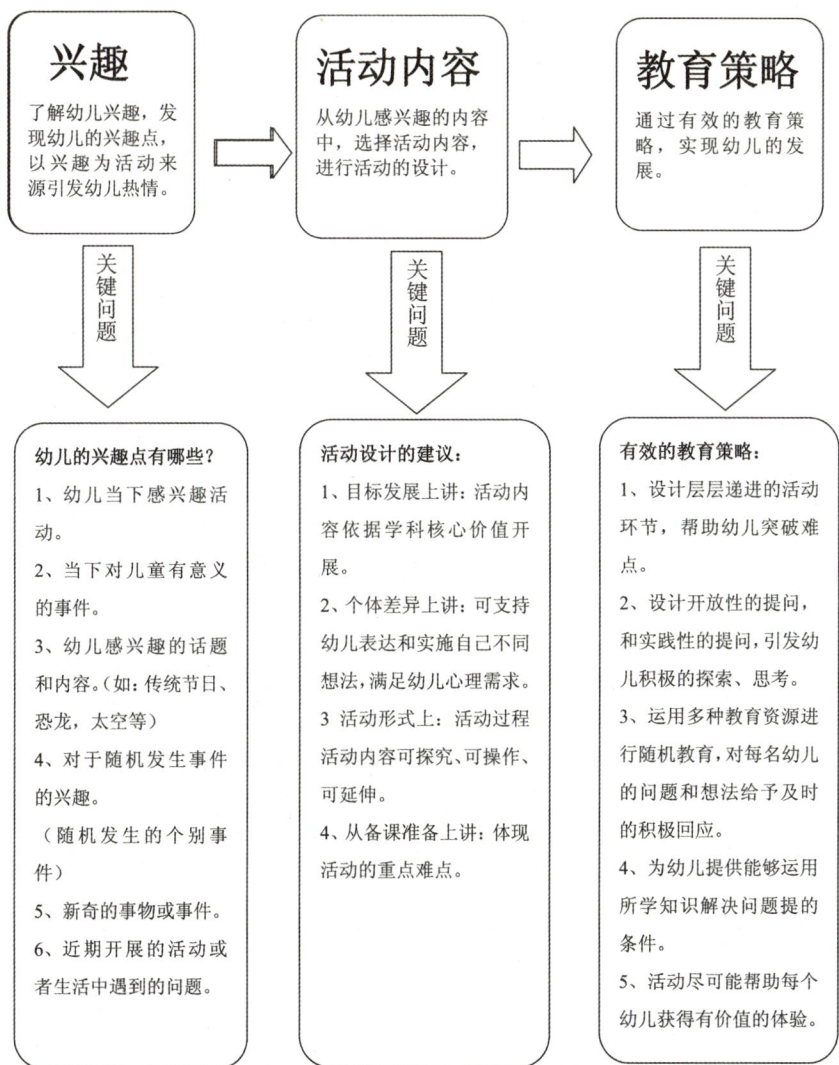

第四阶段：飞跃成熟阶段：

我的学习方式：转换思路，培养自己的逻辑思考力，让教育更科学。

我们在进行高瞻课程研究的时候，经常会说道一句话：培养幼儿解决问题的能力。那什么叫做解决问题的能力呢？在这里我借用日本作家大前研一在《思考的技术》一书中的一段话进行解释：解决问题的根本就是逻辑思考力，逻辑思考力不仅能让问题迎刃而解，而且我们一般人常说的先见之明、直觉也是从逻辑思考中产生的。但是由于大多数人都没有养成逻辑思考的习惯，所以就缺少了能够解决问题的思路。那身么又叫做逻辑思考力呢？首先，"思考"绝非"一时的想法"，也不是凭经验而谈，真正的思考力，或者解决问题的能力，实际上就是我们为了印证提出的假设不辞辛劳的行动力，或者说是为了获得绝对正确的答案，努力动脑的深层的思考力。同时，这种能力的获得必须通过长期的培养与练习，思考的速度也会更快，我们得出的结论也会更有深度。这就是我所谓的转换思路：从经验化到科学化。那么，我们怎么才能训练出自己的这种能力呢？就是不断的思考，对自己以往的认识不断的质疑、通过观察、分析、对比、实验等科学的方法，反思、总结、验证我们新的想法。实际上，我们只要在日常的工作中，不断发现，加以思考，反复尝试和验证，正是思考力的体现。以我们对于"计划环节"的思考为例：我们的课程模式是：计划——实施——回顾。计划是其中很重要的一项内容或环节。记得在最初引导孩子们进行"计划"时，大、中、小班都采用用绘画的方式记录"计划"，而这"计划"中，包含的内容，大多是以孩子们进那个活动区游戏为主。例如：记得在前几年我带的大班的孩子的计划中，孩子们更多画出的是一个个小人在不同的地方游戏。当时的我们认为，那就是计划。而在进行"回顾"的环节时，我们更多的处理为"活动区游戏小结"。进行了一段时间后，我们进行反思，这样统一方式，是否符合幼儿的学习特点呢？经过我们的实践，我们发现，对于大、中、小班而言，计划的内容和形式都可以是不同的，小班可以以讲、或动作表达为主，中班可以简单的用符号和图标表示，而大班跟应体现孩子自己的想法。现在我们各个年龄班的计划都已呈现多样化和深入化，同时，也更加注重幼儿在思维上的活动，而不仅仅是"画面上的呈现。"记得有一个阶段，我们为了让孩子们能够进行详细的"计划"，引导孩子们（大班）在进行计划时，画的更加仔细、详细，用的时间也更多，然而于此同时，我们也感觉，孩子们用大量的时间进行计划，然而对他们的

"实施"有多少帮助或影响呢？对于那些绘画水平较差的幼儿来讲，"计划"是不是成为他们的负担了呢？记得我在大班的时候，有一个小朋友今天的计划本来是在建筑区进行游戏，然而在制定计划的过程中，因为把建筑区的计划画下来对他来说太困难，导致他选择了其他的容易"画下来"的活动区进行游戏。当时，这个问题就引起了我们部分老师的思考：计划的作用，对于孩子来讲，到底什么才是重要的？或者，幼儿进行计划，到底有没有必要？虽然，我们已经从"活动课程"的理念和书籍中，了解了幼儿进行计划的意义，如果是这样，那也就是我们的操作和指导方法出现了问题。于是，我们思考，如何通过实践，来验证"计划的意义"以及对计划的正确认识。因此，在今年开学初期，我们在两个班中进行了一次小样本的实验，观察在针对相同的材料进行创意拼摆的过程中，没有进行计划的幼儿，与进行计划的幼儿对比，观察他们思维的不同表现。在观察中，我们明显的发现，进行了计划的幼儿，非常明显的表现出对于自己所做的事情非常有目的性。同时，表现得更加专注，对事件的坚持性、持久性也更突出。分析原因，我们认为进行了计划的幼儿，首先非常明确的知道自己要做什么，在这个过程中，也会出现问题，比如材料不适合，或者方法不适宜等等，但由于他心中有自己明确的想法，因此或从新组合材料来不断的完成自己的想法。而没有进行明确计划的幼儿，则容易出现在实施过程中不断的反复、推翻自己的想法、重建自己的想法等等。因此，幼儿进行计划的作用，明显的展示在我们的面前。同时，我们又在想，既然计划对孩子们的思维和品质培养都有明显的益处，那么如何让孩子们的计划变得更加有效、更加适合每个孩子的表达呢？我们发现，引导幼儿进行计划时的语言很重要。记得在原来的时候，我们了解幼儿的计划时经常会问："你今天要去那个区玩啊？""美工区"。好像就了解了孩子们的计划。时间上，我们关注计划，更多应该关注的是孩子们要做什么，是如何想的，打算如何完成，而不仅仅关注"地点"。（当然，对小班或者思维发展没有那么好的孩子可以从关注地点开始）。

因此，我们开始改变我们的引导语，以我们班一段真实的对话为例：师："你今天要做什么？"幼："我要做一个能在晚上飞行的飞机。"师："你打算怎么做呢？"幼："我昨天插了个飞机，后来看到科学区有灯泡，想把这个灯泡按在我的飞机上，这样我的飞机就能在晚上飞了。"我们发现，这样的引导语，更能有效的引导幼儿在脑中进行计划。于此同时，我们还会针对不同层次水平的幼儿调整计划的方式，如：绘画水平一般的孩子，我们会让他多说，帮助他们用文字或图标的方式记录下他的想法。对于平时不太敢于挑战的孩子，我们在进行计划的时候，更注重鼓励他完成一些小小的挑战，建立自信，对于还不了解"计划"是什么的孩子，我们会在这段时间帮助他们明确自己的想法。而对于能够持久完成一件事情、用于挑战和克服困难的孩子，我们会鼓励他进行较长时间的计划，对于他的计划的引导语就变成了："你这一段时间要做什么？需要什么材料或这其他的帮助么？等等，然后持续的进行观察就可以了。这些，是我现在对"计划"环节的一些新的认识和想法。而这个过程，也正记录了我们在不断的努力进行逻辑思考的过程，虽然不够完美，但是真实。

结束

我想，当我们的教龄越久，我们的工作也会更趋近于平淡真实。岁月或许带走了我们对于这份工作的激情，但它同样能够带给我们教育的智慧。这正是我所理想的一名成熟教师的阶段，也正是这样的教师，经过时间的历练，成就一匹匹千里马的同时，获取属于自己的智慧。

以上这些，就是我在努力成为伯乐的过程中走过的路程，感谢各位的倾听，希望能够对大家的工作带来一些帮助，再次感谢所有同伴对于我的支持！

家长感悟

大人做孩子学习的陪伴者和引导者

中一班　陈珩妈妈

曾经，教育自己三、四岁的小孩，让我觉得手足无措。

在家长都奉行"不能让孩子输在起跑线上"的今天，孩子从3、4岁就要上各种班，琴棋书画样样精通。我该怎么办呢？既不想让孩子失去童年，又不想让孩子错失学习的最佳时期。我该怎么办？

有的同事对我说，用蒙式闪卡让孩子早识字，早阅读。上网一查，我着急了。那种识字最好从三个月开始，我现在起步，有点晚了；还有的朋友说，让孩子锻炼动手能力，心灵手巧。她的孩子就上了乐高的拼插班。当我看到孩子精美的拼插作品的时候，我又坐不住了。急急的去试听。我又觉得，老师教给孩子怎样拼插，有利于孩子集中精力"学习"，动手能力也能加强，但是想象力呢？

我焦灼、我忧虑。

为此，我也翻阅了一些书籍，但是过多的理论让我很难理解，也不知道怎样转变成行为。我一直很困惑。那一次，参加了六幼的家长会。幼儿园老师向我们传递了家园共育的理念，让我豁然开朗。

幼儿园老师精心设计了教学活动，让我们家长观察，孩子是怎样学习，怎样探索。特别是孩子遇到了困难之后，老师如何指导。老师一再强调，当孩子遇到困难的时候，家长不要告诉方法，而是鼓励孩子，引导孩子，让孩子自己去想办法自己解决解决。在与老师的行为的对照中，我们发现，平时我们告诉孩子，太多了；帮助孩子，也太多了。

这些阻碍了孩子的发展。我们明白了，家长要做孩子学习的一个陪伴者，引导者，而不是一个告诉者。教给知识不是重要的，重要的是教会孩子要学会思考，并对世界有探索的兴趣。

于是，在家庭教育中，我们也转变了观念，并尝试运用理念，指导自己的教育行为。

冬季里的一天，我骑自行车接儿子回家。我戴着皮手套。皮手套冻僵了，握车把的时候，有点打滑。这时，我有意识地问孩子：你有什么办法吗？我心里想的是可以把手套做的粗糙一些，增加摩擦力。没想到，儿子想了一会儿说，你可以把手套装上吸盘，就像章鱼的触手一样。听他这样说，我的精神一振，觉得这真是个大胆的想法。如果是以前，我会表扬他想得不错，就完了。但是这一次，我有意识的引导孩子大胆的想象。我鼓励他接着说下去。他说，手套上每个手指都装上吸盘，在大拇指附近再装一个按钮，可以控制吸力的大小。他还说，只要戴上这样的手套，吸在一个地方，即使是龙卷风，也卷不走。我的脑海里产生了想象：蜘蛛侠，靠着蜘蛛丝，飞檐走壁；戴上章鱼手套的人，也可以拥有神力，可以拽动汽车、飞机……一路上，我们很快乐地讨论着章鱼手套的事！我甚至认为，这是可以实现的发明，可以申请专利。回到家，在兴奋中，我让儿子把他的设想，画了下来。我为他做了文字记录。

从这儿以后，每每遇到一些生活中的困难，我总是停下来，问问孩子，有什么解决的办法吗？不仅如此，我还引导孩子自己去发现问题，大胆地解决问题。在这样的过程中，经常有一些奇思妙想，激动人心。

初夏，我们全家到河边钓鱼。大人钓鱼，小孩子在河岸边上觉得有些无聊。我就带着孩子，找蚂蚁洞。一开始只是单纯的想让孩子有事可做。但是，玩着玩着，慢慢玩出了些名堂。孩子发现，蚂蚁的洞穴，有很多个洞口。这时，我想到了幼儿园老师曾经指导我们家长：要引导孩子观察，在观察的时候，帮助孩子思考。于是我就向孩子提问：看看，蚂蚁是怎么搬运东西的？你看他们的触角互相接触，他们在做

什么？你想象一下，蚂蚁的洞穴里会是什么样子？对蚂蚁洞穴的想象，特别有意思。孩子说：有小宝宝卧室，有幼儿园，有储藏食物的地方，有……啊，跟真实的情况，八九不离十！真让人震撼！后来，我们慢慢摸索到找蚂蚁洞的秘诀：那就是看哪些地方的土是呈颗粒状的，那里就准有蚁穴。过了一会儿，我们看到了一种个头特别大的蚂蚁，比刚才我们看到的小蚂蚁，要大上很多倍。它们又黑又长，爬的速度很快。这种蚂蚁的洞穴，更好找。我就问孩子为什么好找。他说，因为洞穴外面的土堆颗粒比较大。于是我们总结出规律：蚂蚁的洞穴外面的土堆颗粒越大，蚂蚁越大；颗粒越小，蚂蚁越小。这次的探索，让我们对昆虫产生了兴趣。回去之后，我们又一起阅读了法布尔的《昆虫记》。孩子，对大自然更有兴趣了。

这一次的探索，对孩子来说，特别有意思，对我来说也是一样。当我和孩子一起全身心投入到一项共同的活动中，我们彼此非常的亲密。我换做孩子的视角，发现世界很有趣。不仅如此，我不断向孩子提问，引导他自己思考，想象。我发现孩子的思维能力是惊人的，是超乎大人的想象的。在我的引导之下，孩子经历了一次有意义的，奇特的游历。作为家长，我很有成就感。

夏季到来了，儿子非常的喜欢喝西瓜汁。于是我萌生了一个想法，何不让他自己榨汁呢？既好玩儿，又长知识。我翻箱倒柜，翻出了一套儿子小时候，我曾使用过的一套食物研磨工具。然后，我买来了西瓜和橙子，对儿子说，可以自己榨果汁儿喝。他显然非常的兴奋，跃跃欲试。他先是观察，每一个工具的样子，不懂的地方向我询问。然后他就开始动手了。他先把半个橙子，放到球型的工具上，使劲儿的挤压，然后，橙子汁就流出来了。然后，他发现，必须用碗接住，否则就浪费了，又在球形容器下放碗。但是到了榨西瓜汁的时候，就不能用球形容器了。他选择了一个平底的，上面有小洞的工具，然后底下放上碗。这样，研磨完后，果汁里，有果肉，不纯。他又拿起沙网，放在碗和研磨器之间，过滤一下。他把榨好的果汁，端给我喝，脸上

满是骄傲的神色。后来，他还尝试着，把两种果汁混合在一起，做出不同的口味。

看着他津津有味的玩着，我也很开心。谁说，他不是在学习呢？

我一直认为，培养良好的阅读习惯，对孩子来说非常重要。我引导孩子看书比较早。但是，以前看书，就是一遍一遍的给孩子读。开完家长会后，我意识到，家长要做一名引导者。这一次，在读《尼尔斯骑鹅历险记》这本书时，我就有意识地这样去做。我常常在读到一个关键的地方的时候，停下来，问他一些问题：你说，他为什么要这样做？后来会发生什么？你觉得他们两个谁会成功，为什么？我还会问：读到这儿，你的心情怎么样？你的生活中有这样的事情发生吗？…… 我引导孩子猜情节，编故事，对人物做出评价等等。我觉得孩子在我的提问中，读得更有兴趣了，思维更活跃了。

幼儿园有电路游戏。儿子很感兴趣。我们也设法从朋友那里借了一套电路设备，给儿子探索。儿子一开始兴致勃勃，很快就成功了，小灯泡亮了，他得意地走来走去，让我们看。一会儿，儿子爸爸提出了更高的目标："你能不能让两个小灯泡亮起来？"儿子自信心满满，但是尝试了几次，失败了，灯泡没有亮。他的自信心遭受了打击。他很快放弃了，并且发起脾气，大喊着"我不做了。"这时孩子的爸爸有点沉不住气了，心疼孩子了，就要告诉他方法。我给了孩子爸爸一个眼色，示意他，想办法引导。爸爸会意了。他耐心地指导孩子观察，并且引导他想办法，大胆尝试。过了一会儿，儿子成功了！这一次，儿子特别有成就感。因为他克服了困难，自己想出了办法。

当我回忆并梳理一年来教育孩子的过程，我发现，确实有很多转变。这些转变，帮助我的孩子在生活中学习，在玩儿中学习；激发了孩子探索的兴趣，保护了他的想象力，提高了他解决问题的能力。同时，我也感受到了跟孩子共同成长的乐趣。

后记

接到陈小明园长的电话，委托我写个第六幼儿园园本课程的书序，这件事我拖了半年，原因不仅仅是工作太忙，而是我在不了解书稿的情况下坚决不写序言去歌功颂德。我想看看第六幼儿园全体教职工是怎样理解他们热衷了五年的教育改革的，因为活动课程的书稿就是他们思想与行动的产品。看完了密密麻麻的书稿，我不得不说，这是全体六幼教师智慧的结晶，是一步步干出来的，书稿中弥漫着园长和教师们带班辛苦疲惫的汗味、激烈教研的火药味、反思调整改进的泪水咸味儿、趣味活动中发现幼儿主动学习的欣喜香甜味儿，还有陪伴幼儿成长中教师角色新生的那种清凉味……总之，五味杂陈，但是书稿真实、厚重、好看。我决定写个后记，以此纪念第六幼儿园走过的教改之路。

近些年，学前教育的深入改革是从落实教育部2001年颁布的新《幼儿园教育指导纲要》开始的，核心指向"尊重幼儿的人格与权利，尊重幼儿的身心发展规律和学习特点，以游戏为基本活动，教养并重，关注个体差异，促进幼儿富有个性地发展。"2010年《国家中长期教育改革和发展规划纲要（2010—2020）》又提出了"把提高质量作为教育改革发展的核心任务"、"树立以提高质量为核心的教育发展观，注重教育内涵发展"的战略目标。这不仅仅标志着我国教育步入了以质量为核心的新的发展时期，也指明了我国幼儿教育在今后一段时间内必须遵循的发展方向。2012年教育部颁布《3—6岁儿童学习与发展指南》同样指出："学前教育要关注幼儿学习与发展的整体性，尊重

幼儿发展的个体差异，理解幼儿的学习方式和特点，重视幼儿的学习品质。"明确了以幼儿的发展，即现实的、全面的、协调的发展，以及未来可持续的、终身的发展为教育的出发点与落脚点，其根本目的是在幼儿教育阶段深入地推动素质教育的实施，促进每一个幼儿获得全面的、基本的发展。所以，培养幼儿主动性学习势在必行。第六幼儿园的园本课程改革就是在这个背景下产生的。

为什么以前也改革，都没有近些年这么轰轰烈烈？原因就是我们的育人价值观变了。我记得《中华人民共和国教育法》中总则第五条对教育的要求是"教育必须为社会主义现代化建设服务，必须与生产劳动相结合，培养德、智、体等方面全面发展的社会主义事业的建设者和接班人。"教育带有鲜明的阶级性，因此教育方式必然是要把一些国家要实现的目标转化到学习者身上，人成为了国家实现主张的工具和机器。而教育过程则带着浓浓的政治色彩，是自上而下灌输式实施的，我们成年人都有过这样的体验。虽然上学时，我们很听话，其实是一种迫不得已的学习，而长大成人走向工作岗位和独立生活后，每个人都期望实现自己。在这个过程中，有追求方式不当纠结郁闷的，也有没追求随波逐流却不甘心的。那么能不能活出自己，并对社会有贡献，拥有身心和谐幸福的人生呢？其实是可以的，通过人的终身教育可以实现。如果我们在受教育的过程中从小到大没有做过自己的主，不知道自己真正的需要和行动是什么，就会缺失了获得幸福的能力。

获得幸福的能力并不是通过讲道理获得的，而是要遵从人的培养和成长规律，通过人际互动的体验获得。只有让孩子们自己做主，去实践每一个意图想法的成功与失败，才会在思考中不断比较学习经验，获得真知。所以，相信孩子，给孩子时间空间，让孩子做自己的主人，激发孩子参与活动的主动性，才能促进孩子能动地全面地发展。这个道理同样也适用于教师和家长，只有做了教育的主人，体验教育的滋味，才能激起他们能动的热爱孩子和研究科学的教养孩子。

过去，我们的学习局限于学校、家庭、单位，学习的范围很窄，

人际互动得到的经验比较有限。现在，科技的进步推动着社会文化的变革。随着信息化网络文明的普及，我们越来越发现，学校的教育逐渐演变成全球化的共育，每个人都表达着自己对教育的理解，共同谋划着人类的发展。教育的根本目的也变为不仅仅是培养国家建设的精英式的工具人才，而是应当培养具有国际视野，能够维护世界和平发展的自主、自立、自信、自由、平等、博爱、文明、诚信、敬业、勇敢的公民素质，为幸福人生奠基。

第六幼儿园的教改可贵之处就在于园长和教师们的身体力行，他们把人类文明的终极价值通过园本课程的方式加以研究和实践，并在师生互动中、家园共育中和教师集体研讨中，不断把互动行为回归价值追求加以判断，从而改进教养方式。这是一场像朝圣路上身体丈量似的教改体验，每个人都由外而内的发生着变化，行为、思想、观念一次次受到冲击，并一次次更新。我喜欢第六幼儿园的研究状态，他们是真正做教育的一群人。

第六幼儿园的园本课程一开始是没有名字的，为了促进幼儿园主动学习，他们借鉴了美国高瞻课程的一些做法，让儿童能够"计划、实施、回顾"，从模仿到体悟，到改变，到有幼儿园自己独特的想法和做法，一步步用行动研究来实现教学相长，师生共育。我觉得，让老师身体力行地体味教育观念在行为上的改变，自己和孩子们一起感受成长的乐趣，才能更好地理解什么是激发孩子心灵的教育。这种在活动中促进教师和幼儿共同成长的模式是幼儿园改革的动力。

陈小明园长自己说得好："我们开展园本活动课程的研究，是要通过研究的过程和教师的潜心钻研实践，让教师在发现幼儿智慧和生命灵动。同时，在不断被儿童激励和感染中成长，从而对事业对孩子永远保持着强烈的爱与责任。在过去以往的研究中，我们研究的成果会偏向具体的教育内容、方法和策略上。这次的研究我们注重了以不断激发教师自我内在工作激情为思考的方向，促教师主动学习、实践和思考。通过集体的交流、展示、资料收集整理等方式，使教师不断

培养自己工作的实践力、创造力、反思能力，使得教师专业化水平不断主动提高。"

"让环节流动起来""和孩子一起玩好玩的游戏""为孩子打开一扇扇窗""培养幼儿成为智慧的问题解决者"，在不断集体思考与行动中，教师明确了幼儿的角色是要成为"积极主动的交往者；学习过程的亲历者；有智慧的问题解决者。"教师自己的角色，是陪伴幼儿成长，通过成为幼儿的玩伴，实现"发现幼儿情感与智慧；鼓励幼儿选择与尝试；支持幼儿思考和表达。"的作用，他们真的做到了。因为我每次去六幼，都会看到舒适的环境中，孩子们做着快乐而专注的游戏，教师们则自然平和地陪伴着孩子玩耍，师生自然而生动地讨论着，共同解决游戏和生活中的问题，那种职业的幸福在教师脸上洋溢。

我想，教育改革的成功不仅仅是出本书，而是让走进教改的人们在变革中获得新生，体味教育的力量。现在，第六幼儿园的这个活动课程已经慢慢拉动了家长，成立了家长工作室，使得他们也成为了"智慧的问题解决者"。相信自己，做自己的主人，在共同生活中学会智慧的解决问题成为了幼儿园师生、家园的好玩游戏。在教育改革的多人共舞中，大家相互依赖、相互学习、相互扶持、共同进步。最后他们给这个课程起了个名字，唤作《做生活小主人活动课程》，我很欣赏。尽管书中结构逻辑性有待进一步改进，但毕竟是实践工作者写就的书，我仍然觉得这是一本好书。希望，第六幼儿园以活动促发展，不断探索，让教育更加精彩，使得共生共育的人们更加快乐。

北京市西城区教育委员会学前教育科科长

乔 梅

2015-3-30

英文介绍
(English is introduced)

Preface

Outline of the first article:

Teachers become researchers, children become explorers

LIU ZHANLAN

There are two educational concepts, "Teachers become researchers" and "Children become explorers". These two concepts complement each other. Also,these two concepts really impressed me. Teachers become researchers, so that children would become explorers. In order to let children become explorers, teachers must become researchers.

No. 6 Kindergarten would like to share valuable experiences from 4 aspects belowwith colleagues to take as lessons.These experiences are acquired during the time when No.6 kindergarten carried out "activity curriculum".

1. Deep learning; deep grasping of the core and the essential characteristics of related curriculum.

2. Enrich with experiences; Maximize strengths whileminimize weaknesses; Learn widely from others' strong points.

3. In order to put the concept into practice and turn the strategy into action, teachers should go through "active learning" by themselves.

4. Keep rational and educational judgments.

I wish the "activity curriculum" of No.6 kindergarten continues to be comprehensive and thoroughly. I wish children from No.6 kindergarten become active learners, life's little masters and wisdom explorers. I wish teachers from No.6 kindergarten become active learners, curriculum's developers and wisdom researchers.

Outline of the second article:

Changes generated from the quiet revolution

SHEN XINYAN

1. The research of "children's play activities and environments" is the foundation of thepractice of curriculum. The purpose is to change the class culture and let children become masters of activities and learning.

2. Education begins with discovery. The basis of reading children's behavior and implementing education is observing. The purpose is to improve teachers' thinking mode and innate perspective, help teachers to rethink, prompt teachers to let children response efficiently and learn actively.

3. The purpose of converting curriculum mode to practicescenario is to improve and enrich teachers' educational connotation, prompt teachers to accept, discover and support children's thinking and points, and study with children.

Where there are activities, there is children's "active learning". Where there is learning, there are existences of curriculum. I wish No.6 kindergarten will always let children and teachers' "active learning" be the most precious, most valuable resource in the curriculum setting. During this quiet revolution, we will provide our best education to the children.

Chapter 1: basic ideas of "be the life's little master active curriculum" (part)

Problems are raised: Teachers are very familiar with the content of right education viewpoint. However, teachers always use their own thinking mode to instead children's, and judge children's active process and development levelfrom children's learning results. Especially during the daily activities, teachers intend to relax their vigilance of educational practice, so they are easy to go back to the basic point, using their own experiences and instinctsinstead of the scientific educational viewpoint and strategy to deal with the educational problems.

We assume that the purpose of deepening the reform, developing various educational researches and forming our own style is to convert the educational view point, improve the qualification of teachers and prompt the education quality of the kindergarten. We submitted the research of "become life's little master" in 2009 as a new beginning of the kindergarten's development. As a result, the problem that concepts disconnect with actual teaching behavior will be solved. Also, teachers will deeply concern about the children's development.

Objectives of curriculum: "become life's little master active curriculum" (hereinafter referred to as "active curriculum"): Insist to give life's autonomy back to children, train children to be "human being", let children become a wisdom problem solver and be the life's little master. Specific narratives: let children become healthy, love learning, civilized, independent, brave and active learners.

The core of the curriculum: prompt children to be "active learning".

Strategy 2: daily life is full of education; be the life's little master.

Prompting children to be "active learning" should be embodied in various aspects, not only in activity area. As a result, we put forward the idea "daily life is full of education; be the life's little master".

Method: "let the links flow up". There are links during the kindergarten's daily life. The connection between links showsthat children are active and independent. At the same time, it investigates teachers' understanding of the concept "daily life is full of education". As a result, we put forward the idea "let the links flow up", in order to remind teachers to create the material and spiritual environment for children to be their life's little master.

Strategy 3: "open windows for children"

Children's learning exists in daily life. Life is diversified. As a result, teachers should broaden their horizons so that children are able to connect to the real natural world.

Method:

1. "Put some basic original game materials", some basic original

materials which children can touch from daily life, especially those can arouse children's interests such as sand, water, stone, fruit, etc., can be brought in the class.

2. Focus on children's life and undertake various theme activities. Some life events that children can understand could be theme of the game.

Strategy 4: "play some fun games"

Method:

1. Organize "No.6 kindergarten Cup" observation of teaching activities and let teachers concentrate on the educational mode: Prompting children to be "active learning".

2. Convert the thinking mode when prepared daily lessons. Teachers should convert the teaching content from educational into funny, interesting and playful. And then, teachers analyze books deeply and find out the teaching direction which is suitable for children's current abilities and development level.

3. Teaching plans focus on the specific language that is used in asking children questions. The point of prompting children to be "active learning" is to emphasize the importance that every child is able to think and express by his/her own. As a result, questions that raised by teachers should meet the needs of children of all ages with different interests and abilities.

Strategy 5: focus on children, understand children's needs

Methods:

1. Evaluate children during the game. Keep a record of children's game language and accumulate the first hand evaluation during the game. Also, analyze the shinning points that shown from children's activities.

2. The practical teaching can take on-scene observation, video. And research the children's needs and effective communicate methods.

3. The methods that used in prompting teachers focus on children's playing include adjusting the style of writing teaching records andtraining stories. First, keeping an original record on children's behavior, and then, write an analysis of "The Kindergarten Directory Outline" and key experiences of children's developments. Teachers should not make comments right after the training stories. As a result, teachers will be more objective.

Chapter 2: guide teachers' ideological when practicing "be the life's little master active lessons"

Section 1: respond teachers' questions from the core idea of "The Kindergarten Directory Outline" and the curriculum.

1. What are the differences in practicing before and after the educational reform?

2. What kind of materials that can support children's operating and development?

3. What are the children's needs behind the phenomenon "children would like to choose the same game materials"?

4. Why to emphasize "teachers should play with children" on the interaction between teachers and children?

Section 2: motivate teachers to think in a new perspective way from analyzing classic cases.

1. The discussions on "eating apples" show teachers the importance of children to experience by themselves.

2. Analyze the case "observing bees" and comprehend methods of cultivate children's learningcharacteristics.

3. Teachers understand what to observe from the case "transporting water".

4. Analyze a section of Chinese class and understand children's "emotion" and "attitude".

Section 3: strengthen teachers' basic skills: research the creation of environment and understand the interaction between teachers and children.

1. Basic requirements of the creation of environment:

We raise 6 claims on the creation of environment as self-check requirements, based on the purpose of prompting children to be "active learning":

a. The entire activity zone needs to have tools and environment that support children to use their all senses to explore.

b. Children should have their own game rules before starting a game.

c. Materials and the creation of environment should prompt children to find out the relationship among things.

d. Supply the materials that meet the demands like children could use them to make new things through operating, converting and combination.

e. All kinds of common, general tools and equipments that children can master.

f. Take "to do their own things" as environment rules to guide.

2. Basic approach on creation of environment

Create "talking" activity environment base on the children's age characteristics. "Talking" environment is the highest pursuit when teachers creation of environment. What kind of environment is "talking"

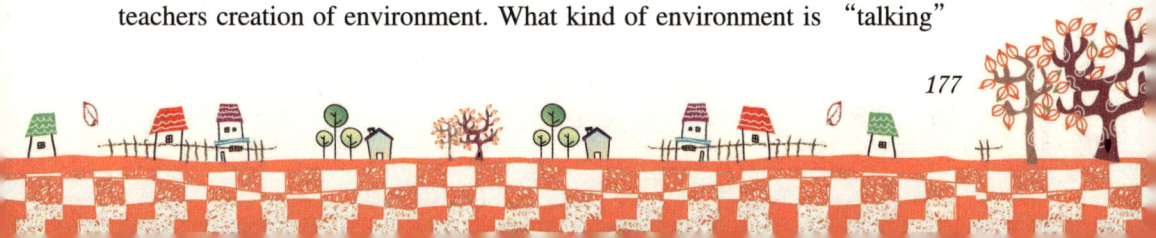

environment? We believe, "talking" environment would lead children use their knowing experiencesto find out and solute new questions and generate new ideas, through the interaction with environment. And thus, prompt children continue to play.To put it simply, "talking" active environment let children to play happily and acquire new knowledge and create new thoughts and continue to play.

Sometimes it is unpredictable of the content and mode of children's game. But we know that children's behavior is from their instinct. And then, teachers can create children's favorite game scene and supply relevant materials. As a result, children tend to continue playing interesting games.

3. Observe children's game; summarize the effective interaction between teachers and children.

Section 4: effective teaching training prompt teachers to research children, environments.

1. "Creation on class environment", teachers' discussion record.

2. "The effective interaction section during the review", teaching training scene record.

Chapter 3 discover children's learning process, teacher's observing scene record

Section 1: follow children's interests, support children to explore and discover in their daily life.

Activities	Class
The secret of food chain	junior
Silkworm and worm	junior
The little secret in the snow	middle
The plastic coat of baby electronic wire	senior
Slide with static electricity and funny magnet	senior

Section 2: create a prepared material environment, support children to play funny games.

Activity	Class
Baby wants to eat Oreo	junior
Junior's building zone: sheep and wolf's house (sheep and wolf are from cartoon)	junior
I am the master of my game	junior
Activity initiated from Tiantian—from making alone to sharing with other children.	Junior
Photo studio, tiny stage	middle
The spinning top made by me	middle
Egg shell and kitten	middle
From a round bridge todivergent thinking – children learn and develop a round bridge	middle
Gear–driven	senior
Build a round house – the Hall of Prayer for Good Harvests, The temple of Heaven.	Senior
Wonderful scene made from colorful plasticene.	Senior
Travel with Lisa	senior
Chenchen and cookie house	senior
Our little invention –robot	senior
Tiny balls roll up	senior

Section 3: concern about the requirements of children's mental development; let children be the life's master

Activity	Class
Make the transition links be funny	junior
Make waiting passively be a funny activity	middle and senior

Follow up:

1. Scene records of teachers' growth

2. Letters from children's parents